KB092220

지구를 살리는 영화관

지구를 살리는 영화관

〈인터스텔라〉에서 〈옥자〉까지, 영화로 펼쳐보는 오늘의 환경 이슈

초판 1쇄 발행 2018년 10월 20일
초판 8쇄 발행 2023년 5월 20일

기획 환경과교육연구소
지은이 권혜선 김찬국 김희경 안재정 조성화
펴낸이 이영선

편집 이일규 김선정 김문정 김종훈 이민재 김영아 이현정 차소영
디자인 김회량 위수연
독자본부 김일신 정혜영 김연수 김민수 박정래 손미경 김동욱

펴낸곳 서해문집 | 출판등록 1989년 3월 16일(제406-2005-000047호)
주소 경기도 파주시 광인사길 217(파주출판도시)
전화 (031)955-7470 | 팩스 (031)955-7469
홈페이지 www.booksea.co.kr | 이메일 shmj21@hanmail.net

ISBN 978-89-7483-959-8 03300

이 도서의 국립중앙도서관 출판예정도서목록(CIP)은 서지정보유통지원시스템 홈페이지(http://seoji.nl.go.kr)와 국가자료공동목록시스템(http://www.nl.go.kr/kolisnet)에서 이용하실 수 있습니다.(CIP제어번호: CIP2018031297)

〈인터스텔라〉에서 〈옥자〉까지
★ 영화로 펼쳐보는 오늘의 환경 이슈 ★

환경과교육연구소 기획
권혜선 김찬국 김희경 안재정 조성화 지음

서해문집

들어가는 말

봄에는 미세먼지가 유난했습니다. 여름에는 폭염이 대단했죠. 세상은 온통 미세먼지와 폭염으로 가득해 보였습니다. 사람들은 환경위기가 눈앞에 닥쳤다며 심각한 표정으로 뉴스를 보곤 했습니다. 그러면서도 미세먼지를 내뿜는 자동차를 몰고, 에어컨의 설정 온도를 사정없이 낮췄습니다. 여전히 환경문제가 심각하다고 혀를 차면서 말이죠. 물론 서늘한 바람이 불고 파란 하늘이 펼쳐지는 가을이 오자, 그런 생각조차 날아가버렸습니다.

내가 사는 곳의 건강 상태에 관심을 두는 것은 매우 중요한 일입니다. 깊은 관심은 세상을 보는 시각도 바꿉니다. 이 책을 함께 쓴 우리는 모두 환경에 깊은 관심을 가진 사람들입니다. 그래서 어느새 환경이라는 렌즈를 통해 세상을 보게 되었습니다. 환경의 렌즈로 세상을 보니 불편한 것도 많아졌고 걱정도 커졌습니다.

영화 한 편을 보더라도 세련된 미장센이나 치밀한 서사, 시각적인 즐거움보다도 그 뒤에 깔린 환경적인 문제들에 시선이 닿았습니다. 참신한 SF영화도, 심각한 역사물도, 멋진 히어로 영화도 환경의 렌즈로 보니 새로운 의미가 보였습니다. 그래서 또한 고민이 늘기도 했지요. 좋은 시민으로 살아가기 위해 가져야 할 첫 번째 덕목이 환경의 눈으로 세상 보기가 될 수 있습니다. 그건 나만이 아닌 다른 존재, 지금의 우리만이 아닌 미래 생명까지도 고려하는 행동을 이끌 수 있으니까요.

이 책은 '한겨레' 환경생태웹진 〈물바람숲〉에서 '영화로 환경 읽기'라는 이름으로 연재한 글을 주제별로 모아 엮은 것입니다. 환경은 우리의 생존이 달린 중요한 분야이지만, 흥미롭게 접근하기는 쉽지 않습니다. 그래서 우리는 쉽게 접할 수 있는 영화를 연결 고리로 삼고자 했습니다.

우리는 영화 전문가도, 평론가도 아닙니다. 하지만 조금은 다른 시각으로 영화를 보고 그에 대한 생각을 여러분과 나누고 싶었습니다. 우리에게 아주 친숙한 영화라는 매체를 통해 지금 이곳에서 일어나는 많은 환경문제에 대한 고민을 함께 이어나가고 싶습니다. 이미 본 영화라면 새로운 관점에서 다시 생각해보는 계기가 되고, 아직 보지 못한 영화라면 환경적 고민을 바탕으로 감상하는 기회가 되기를 바랍니다.

환경의 눈으로 세상을 본다면 미세먼지와 폭염을 대하는 자세가 달라질 것입니다. 그리고 변화를 위한 작은 실천이 이어질 수 있을 것입니다. 이 책이 그런 변화에 조금이나마 도움이 되면 좋겠습니다.

2018년 가을

권혜선 · 김찬국 · 김희경 · 안재정 · 조성화

들어가는 말 • 4

1 지구 위에 사람만 있는 것은 아니다

비버 사냥이 남긴 것 **〈레버넌트〉** • 12
그 호랑이와 그 사냥꾼의 적대적 교감, 최후를 나누다 **〈대호〉** • 28
인류는 '인류 인플루엔자'로 멸종할 것인가? **〈해프닝〉** • 38
"값이 싸면 다들 먹어" **〈옥자〉** • 46
너구리도 우리처럼 산다 **〈폼포코 너구리 대작전〉** • 58

2 우리를 망치는 달콤한 탐욕

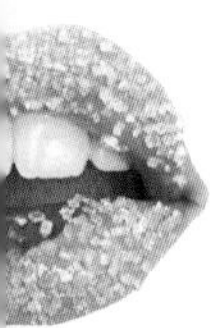

콩고의 눈물 닦아주는 오늘의 타잔이 필요하다 **〈레전드 오브 타잔〉** • 68
설탕, 자꾸 빠져드는 달콤한 불행 **〈슈가 블루스〉** • 78
무엇을 먹을 것인가, 내 몸은 알고 있을까? **〈리틀 포레스트〉** • 92
우리가 줄여야 할 것은 무엇인가? **〈다운사이징〉** • 104

3 우리는 내일도 살아야 한다

'터널' 속에 지구 있다 **〈터널〉** • 114

화성에서도 똥은 오래된 미래 **〈마션〉** • 122

지진 없는 서울에 핵발전소를 짓자! **〈동경핵발전소〉** • 134

에너지를 바꿔도 해결되지 않는 것 **〈딥워터 호라이즌〉** • 144

4 미래를 바꾸는 오늘의 마음가짐

종말 향한 지구, '플랜B'는 지금 우리 몫 **〈인터스텔라〉** • 162

직접 보면 안다, 우주인이 환경운동가가 되는 까닭 **〈그래비티〉** • 174

핵전쟁 후 오래된 미래, 희망은 씨앗뿐 **〈매드맥스〉** • 184

우리 미래는 우리가 결정한다 **〈남한산성〉** • 196

녹조라떼와 미세먼지로 그려질 우리 삶의 길 **〈리버로드〉** • 206

우리는 지구를 쓰레기 행성으로 만드는가 **〈월-E〉** • 214

지구 위에 사람만 있는 것은 아니다

1
okja

비버 사냥이 남긴 것

레버넌트

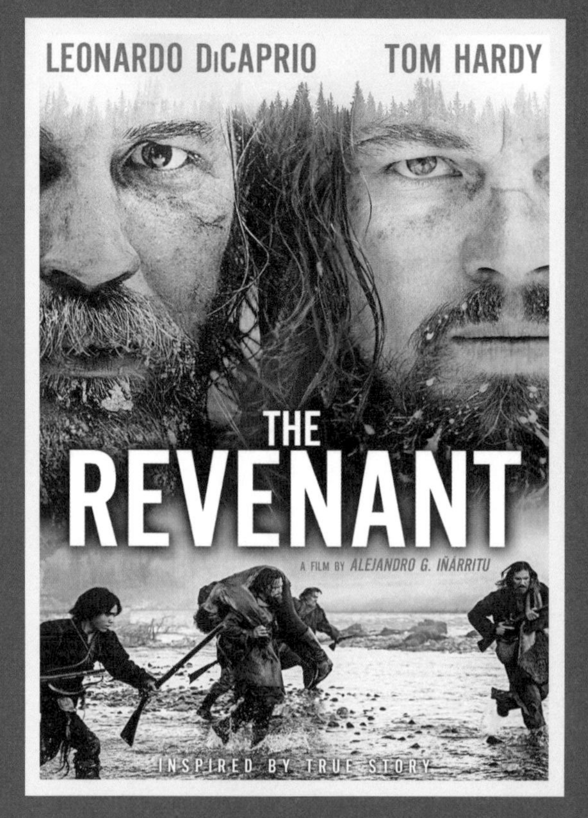

권혜선

〈레버넌트〉, 실제와 허구

"자연을 당연하게 생각하지 마십시오. 나도 이 상을 당연하게 생각하지 않겠습니다."

2016년 2월 28일(미국 시각) 열린 제88회 아카데미 시상식에서 레오나르도 디카프리오는 남우주연상을 수상하며 이렇게 말했다. 오스카상과 인연이 없는 대표적인 배우로 꼽혔던 디카프리오에게 첫 오스카상을 안겨준 영화는 바로 알레한드로 곤잘레스 이냐리투 감독의 〈레버넌트: 죽음에서 살아 돌아온 자〉(이하 레버넌트)이다.

영화 〈레버넌트〉는 19세기 미국의 유명한 탐험가이자 사냥꾼이었던 휴 글래스(1780~1833)가 겪은 실화를 바탕으로 만들어졌다. 디카프리오가 열연한 휴 글래스는 거대한 회색곰에게 습격당해 치명적인 상처를 입고도, 혼자 4000㎞를 걸어 살아 돌아온 미국 서부 개척시대의 전설적 인물이다. 휴 글래스의 처절한 생존 이야기는 이미 1971년에 영화 〈황야의 남자Man in the Wilderness〉로 제작되었으며, 2003년 마이클 푼케의 동명 원작 소설인《레버넌트》로도 출간되었다.

영화는 1823년 미국의 미주리강에서 시작한다. '록키마운틴 모피회사' 소속의 휴 글래스는 동료들과 미주리강 주변을 탐사하고 사냥하던 중, 회색곰의 습격을 받아 중상을 입고 팀에서 낙오되고 만다. 죽어가는 휴 글래스를 돌보기로 한 피츠제럴드는 휴 글래스의 눈앞에서 그의 아들 호크를 죽이고 도망간다. 휴 글래스는 아들의 복수를 위해 죽음의 고비를 여러 번 넘기며 끈질기게 살아남아 피츠제럴드에게 복수한다.

〈레버넌트〉는 실화를 바탕으로 했지만, 극적 요소를 더하기 위해 몇 가지 허구를 포함했다. 휴 글래스는 원주민 여성과 결혼하지 않았으며, 백인-원주민 혼혈 아들인 호크는 가상의 존재다. 휴 글래스가 얼어 죽지 않기 위해 죽은 말의 내장을 모조리 꺼내고 알몸으로 죽은 말 몸에 들어가 추운 밤을 지내는 장면도 허구다(이 장면은 회색곰과의 사투 장면과 함께 〈레버넌트〉의 명장면으로 꼽힌다). 또 영화와 달리 휴 글래스는 피츠제럴드를 용서했다고 전해진다.

실제로 휴 글래스는 영화에서 나오는 것과 같이 사냥꾼, 더 정확히 말하면 모피를 수집하는 사냥꾼이었다. 당시 아메리카 대륙에서는 대대적인 모피용 동물 사냥이 이루어졌으며, 이 과정에서 영화와 같이 원주민이 학살되고 약탈당한 것은 역사적 사실이다. 그리고 이 중심에는 '비버 모피로 만든 모자'가 있었다.

휴 글래스가 회색곰에 습격당하는 모습을 그린 어느 미국 신문의 삽화(1823년).

레오나르도 디카프리오가 열연한 휴 글래스(왼쪽)와 휴 글래스로 추정되는 그림.

비버 모피로 만든 모자와 세 가지 비극

1500년대부터 1800년대까지 아메리카 대륙은 프랑스, 영국, 스페인 등 유럽에서 건너온 비버 사냥꾼들로 가득했다. 비버 사냥꾼들은 미시시피강 주변을 샅샅이 탐색하고 사냥했으며, 세인트루이스와 로키산맥 일대를 비롯해 멀리 밴쿠버와 샌프란시스코까지 눈에 보이는 비버란 비버는 모두 사냥했다.

아메리카 대륙에서 대규모 비버 사냥이 벌어진 것은 바로 비버의 가죽과 털을 차지하기 위해서였다. 비버의 털은 갈색부터 검은색까지 따뜻한 느낌의 색깔을 갖고 있고, 부드러우며 윤기가 난다. 내구성이 강하고 표백과 염색을 할 수 있다는 장점도 있다.

당시 유럽인들은 머리를 그대로 드러낸 채 외출하는 경우가 거의 없었다. 남자는 모자를 썼으며, 여자는 모자를 쓰거나 장식품을 사용해 머리를 가리는 것이 관례였다. 그리고 15세기 유럽 전역에서는 비버 모피로 만든 모자(정확하게는 비버 털을 압착해 만든 펠트 모자)가 선풍적인 인기를 끌기 시작했다.

비버 모피로 만든 모자는 값비싼 사치품이었다. 지금과 마찬가지로 당시 모피는 부의 상징이었으며, 비버 모피 모자는 부를 나타낼 수 있는 좋은 수단이 되었다. 유럽 귀족들은 너나 할 것 없이 비버 모피로 만든 모자를 쓰며 자신의 부와 지위를 과시했고, 시간이 지날수록 더 많은 사람이 더 많은 비버 모피 모자를 욕망했다. 그리고 이 욕망을 충족시키는 과정에서 세 가지 비극이 일어났다.

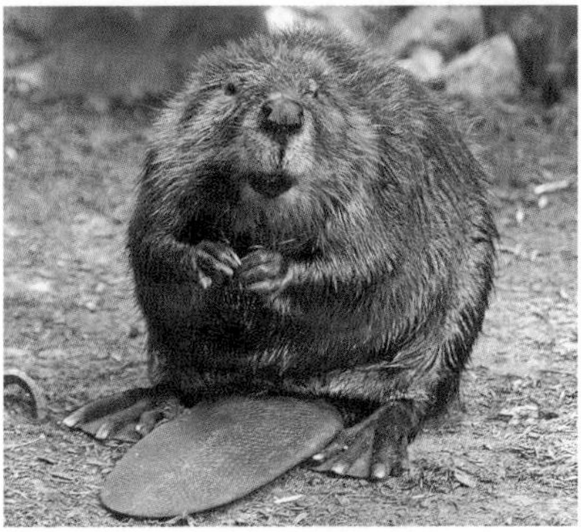

물갈퀴와 커다란 꼬리를 가진 갈색 털의
북미산 비버.

1886년 비버 모피 모자를 쓴 사람들.

비극 1. "모자장수처럼 미친"

루이스 캐럴의 소설《이상한 나라의 앨리스》에는 미친 모자장수인 '매드 해터Mad hatter'가 등장한다. 그는 3월 토끼의 집에서 열린 '매드 티 파티Mad tea party'에서 뜻 없는 말과 답 없는 수수께끼를 내며 끝없이 차를 마신다. 오후 6시는 차를 마시는 시간인데 그는 6시에서 멈춰버린 시계를 차고 있기 때문에 계속 차를 마시는 것이다.

실제로 이 소설이 처음 출판된 1866년의 유럽에서는 손을 벌벌 떨며 횡설수설하는 모자장수가 많았다고 한다. 모자를 만들고 파는 사람 중 이런 증상을 보이는 사람이 워낙 많았기 때문에, 이상한 말과 행동을 하는 사람에게 '모자장수처럼 미친Mad as a hatter'이라는 말을 사용했다. 이후 이 말은 관용어가 되어 '아주 미친' '몹시 화난' 등의 뜻으로 사용된다.

그렇다면 앨리스에게 이상한 수수께끼를 내는 모자장수는 왜 미친 것일까? 관용어가 만들어질 정도로 많은 모자장수가 미친 것은 바로 비버 모피 모자와 관련이 있다. 이 모자를 만드는 과정에서 사람들은 비버의 털을 부드럽게 만들기 위해 수은에 담가 가공하는 '캐로팅carroting' 작업을 했다.

그 당시 사람들은 수은의 독성에 대해 무지해서 수은을 매독 치료제로 사용하거나 먹고 몸에 바르기도 했다. 캐로팅 작업을 하는 노동자들은 당연히 아무런 보호 장구 없이 수은에 맨손을 담그고, 하루 종일 휘발된 수은 공기를 마시며 일을 했다.*

시간이 지나자 모자를 만들고 파는 많은 이들이 사지를 벌벌 떨고 횡설수설하기 시작했다. 그들은 잘 걷지도 말하지도 못하고 미친 사람과 같은 증상을 보이며 비참하게 죽어갔다. 우리가 잘 아는 수은중독증 '미나마타병'에 걸린 것이다. 미나마타병의 또 다른 이름이 바로 '모자장수의 손 떨림Hatter's shake'이다.*

비극 2. 생명이 아닌 모피로서의 삶

유럽을 휩쓸었던 비버 모피 모자로 인해 유럽의 비버는 씨가 말랐다. 비버 모피값은 천정부지로 뛰었으며, 사람들은 신대륙으로 눈을 돌려 바다를 건너 비버 사냥에 나섰다. 휴 글래스는 '록키마운틴 모피회사'에 소속되어 아메리카에서 비버를 사냥하던 많은 사냥꾼 중 한 명이었다. 15세기 비버 사냥을 위해 아메리카 대륙에 상륙한 사냥꾼들은 눈에 보이는 대로 비버를 잡아 가죽을 벗겼다. 1720년까지 북미 동부에서 죽은 비버는 약 200만 마리가 넘는 것으로 알려졌다.** 300여 년 동안의 비버 사냥으로 인해 유럽의 비버는 멸종되었고, 아메리카 비버는 멸종 직전에 처했다.

모피는 인간이 오래전부터 추위와 위험으로부터 몸을 보호하기

---

* 이민정, 《옷 입은 사람들 이야기-입고 걸치는 모든 것들에 숨겨진 역사》, 바다출판사.

** '모피, 퍼(fur)렇게 멍든 동물들' 〈한국일보〉, 2016. 01. 07.

위해 사용했던 옷의 재료다. 영화 속 휴 글래스 역시 추위에서 살아남기 위해 모피를 입었다. 하지만 15세기 유럽 전역을 휩쓴 비버 모피 모자는 생존을 위한 필수품이 아닌 부를 상징하는 사치품이었다. 그렇기 때문에 많은 사람이 비버가 멸종될 정도로 모자를 열망했는지도 모른다.

현재 우리나라를 비롯한 여러 나라에서 모피는 여전히 큰 인기를 얻고 있고 많이 소비되고 있다. 이렇게 소비되는 모피는 당시 유럽의 비버 모피 모자와 크게 다르지 않아 보인다. 비버 모피 모자 대신 밍크 코트, 여우 목도리, 토끼 조끼, 라쿤 패딩 등 모피와 상품의 종류만 바뀌며 유행하고 있는 것이다.

현대인들은 더 이상 사냥을 통해 모피를 얻지 않는다. 사냥할 만큼의 야생동물이 충분하지 않기도 하거니와, 야생동물을 보호하는 각종 규제가 만들어졌기 때문이다. 대신 과거에 비해 훨씬 잔혹한 방법으로 모피를 만든다. 많은 동물이 모피가 되기 위해 평생을 비위생적이고 좁은 철장 안에서 갇혀 지낸다. 그리고 인간은 부드럽고 질 좋은 모피를 얻기 위해 동물이 살아 있는 채로 껍질을 벗긴다. 동물이 죽으면 피가 응고되어 가죽이 잘 벗겨지지 않으며 털이 뻣뻣해지기 때문이다. 또 최대한 많은 양의 모피를 얻기 위해 머리를 집중적으로 때려 죽이거나, 물에 넣어 익사시키기도 한다. 한 생명이 아니라 철저하게 모피 생산물로 길러지고 죽임을 당하는 것이다.

비극 3. "우리는 야만인입니다"

영화에는 원주민 부족인 아리카라족이 자주 등장한다. 아리카라족은 유럽인을 쫓고, 유럽인들은 아리카라족을 매우 두려워한다. 미주리강 탐사대는 갑작스러운 아리카라족의 공격을 받아 많은 사람이 죽고 부상당했다. 휴 글래스는 아리카라족을 피해 갈 수 있는 길을 찾던 중 회색곰에게 공격을 받아 죽기 직전의 부상을 입는다. 피츠제럴드가 죽어가는 휴 글래스를 버리고 도망갔던 거짓 핑계 역시 아리카라족으로 추정되는 원주민들이 가까이 있다는 것이었다.

아리카라족은 1000년 이상 아메리카 평원에서 살며 주로 농사를 짓고 사냥도 하던 부족이었다. 1800년대 초반까지만 해도 아리카라족은 유럽인들에게 호의적이었다. 하지만 유럽인들에 의해 자신들이 살던 땅에서 강제로 쫓겨나자 1820년대 들어 매우 적대적인 태도로 변했으며, 백인 모피 사냥꾼들을 자주 공격했다. 이로 인해 미국 군대와 아리카라족 사이에 몇 차례 크고 작은 전쟁이 벌어졌고, 많은 수의 아리카라족이 목숨을 잃었다.

영화에서 아리카라족이 유럽인들에게 분노해 공격한 이유는 유럽인이 족장의 딸 포와를 납치했기 때문이다. 족장의 딸은 부족에게 매우 소중하고 중요한 것을 상징하는 인물로, 포와를 납치한 것은 아리카라족의 모든 것을 약탈하고 삶을 파괴한 것과 마찬가지였다. 실제 당시 원주민은 살던 땅에서 백인들에 의해 쫓겨나고 학살과 약탈을 당하는 경우가 많았다.

'우리는 야만인입니다'라고 쓰인 팻말을 목에 걸고 죽임을 당한 원주민.

유럽인들이 잔인하고 처참하게 원주민을 약탈하고 학살했던 것은 그들을 자신과 같은 인간이 아니라 야생동물과 인간의 중간쯤인 존재로 보았기 때문이다. 영화에서 원주민은 '야만인'으로 등장한다. 유럽인들은 '야만인' 원주민을 혐오하고 조롱한다. 당시 원주민은 비버와 크게 다르지 않은 취급을 받았다.

하지만 영화를 보며 우리는 과연 야만이 무엇일까에 대한 질문을 하지 않을 수 없다. 죽어가는 휴 글래스의 눈앞에서 그의 아들을 살해하고 그를 버리고 도망간 피츠제럴드야말로 야만이 아닐까? 납치된 딸을 찾기 위해 유럽인을 쫓아다니며 공격하는 아리카라족이 야만일까? 유행에 따르기 위해, 돈을 벌기 위해 한 생물 종이 멸종될 정도로 사냥하는 유럽인은 야만이 아닐까? 아니면 생고기를 먹고 죽어가는 생면부지의 휴 글래스를 우리가 이해할 수 없는 이상한 방식(돌을 쌓고 불을 피우고 주문을 외우는 방식)으로 치료한 원주민이 야만일까?

원주민이 휴 글래스를 치료한 방식은 그들의 전통적인 치료법으로 보인다. 북미 인디언의 지혜를 담은 책《마지막 나무가 사라진 후에야》에 소개된 크리족의 육체와 영혼을 정화시키는 사우나는 다음과 같다.

> 천막의 높이는 사람의 키와 맞먹는다. 천막 꼭대기에 나무뿌리로 골조를 고정한다. 그런 다음에는 순록 가죽이나 천으로 천막을 정성스럽게 덮고 돌로 바닥에 고정한다. 천막 안에는 의사와 환자를 위해 나뭇가지로 만든 침대를 놓고 그 위에 토끼나 순록 가죽을 덮어둔다. 그리고 속이 빈 통나무를 여러 개 놓고 그 안에 시뻘겋게 달군 돌을 가득 채운다… (중략) … 빨갛게 달아오른 자갈을 천막 안에 넣고 돌 위에 천천히 물을 붓는다. 증기에서 나오는 뜨거운 열로 사람들은 땀을 뻘뻘 흘리게 된다….

동료에게 버려진 휴 글래스를 정성껏 치료한 원주민은 얼마 떨어지지 않은 곳에서 '우리는 야만인입니다on est tous des sauvages'라고 쓰인 팻말을 목에 걸고 나무에 매달려 살해당한 채 발견된다. 아메리카에서 사냥당한 것은 비버만이 아니었다.

다름에 대한 이해의 부재

이냐리투 감독은 한 인터뷰에서 피츠제럴드는 악한 것이 아니라 무지한 것이라고 했다. 18세기 유럽의 모자장수 역시 미친 것이 아니라 무지한 것이었고, 결국 무지로 인해 죽음에 이르렀다.

모자장수가 수은에 대해 무지했다면 피츠제럴드는 자신과 다른 존재에 대해 무지하다. 그는 자신과 다른 존재를 공감하거나 이해하지 못하며 두려워한다. 그리고 다름에 대한 두려움은 다름을 '열등'으로 생각하고 다른 존재를 '혐오'하는 것으로 해소한다.

이것은 대다수 모피 사냥꾼들의 모습이었다. 그들은 다름에 대해 무지했고 다름을 혐오했으며, 피츠제럴드처럼 탐욕에 의해 움직였다. 그들은 자신과 다른 생명인 비버와 자연을 마음껏 파괴했고, 자신과 다른 색깔의 피부와 눈을 가진 원주민을 무참히 살해했다. 피츠제럴드가 다른 사냥꾼에 비해 유난히 더 이기적이고 악하게 보이는 것은 다름의 대상이 같은 백인 동료인 휴 글래스에게까지 노골적으로 적용됐기 때문이다.

아메리카 대륙에서는 모피 사냥꾼들에 의해 인간과 자연의 새로운 관계가 시작되었다. 그 관계는 이해의 부재를 바탕으로 한 혐오와 약탈의 관계였다. 이냐리투 감독은 '나와 다름에 대한 이해의 부재'가 현대 자본주의와 소비주의의 시작이 되었다고 지적했다. 그리고 자본주의 안에서 살아가고 있는 우리 역시 똑같은 행동을 하고 있기 때문에 〈레버넌트〉에 공감할 수 있다고 했다.*

우리는 여전히 다름을 이해하지 못하고 두려워한다. 많은 사람이

---

* 〈맥스무비〉 2016년 1월호

아메리카 대륙을 탐험한 모피 사냥꾼들에게 자연과 원주민은 타자였을 뿐이다.
영화 〈레버넌트〉의 한 장면.

'치느님'에 열광하고 식사 후에는 원두를 갈아 내린 커피를 마시며, 유행에 따라 비슷한 옷을 사 입는다. 하지만 '치킨 공화국'이라는 별명을 얻을 정도로 많이 소비되는 치킨을 위해 닭들이 어떻게 길러지고 도살되는지, 내 손의 커피 한 잔을 위해 제3세계의 커피 농가들이 얼마나 많은 눈물을 흘리는지, 유행 따라 계절마다 바뀌는 그 많은 옷이 어떻게 만들어지고 버려지는지 알지 못한다. 이 과정에 얼마나 많은 모자장수와 비버, 원주민, 사냥꾼이 있는지 알지 못한다. 우리의 눈을 가리는 자본주의와 소비주의 사회에서 우리는 소비를 통해 같음을 추구한다.

심리학자 칼 구스타브 융은 "나는 문명화된 사회가 우리에게 가져다준 위대한 성과를 부정할 마음이 조금도 없다. 그러나 그 정복은 엄청난 상실을 대가로 이뤄진 것이다. 이제 막 우리는 얼마나 많은 것을 잃었는가를 엿보기 시작했다."라고 했다. 과학과 기술로 무장한 편리하고 고급스러운 삶 뒤에 숨겨진 야만과 상실을 아는 것은 고통스러운 일이다. 하지만 모자장수와 비버와 원주민과 사냥꾼이 되지 않기 위해 우리는 아는 것을 피하지 않아야 한다. 알면 사랑하게 되고 사랑하면 보이니, 그때 보이는 것은 전과 같지 않을 것이다.

그 호랑이와 그 사냥꾼의 적대적 교감, 최후를 나누다

대호

조성화

호랑이는 죽어 가죽을, 사람은 이름을 남긴다?

"호랑이는 죽어서 가죽을 남기고, 사람은 죽어서 이름을 남긴다."라는 속담이 있다. 호랑이가 죽어서도 가죽을 남겨 이로움을 주는 것처럼, 사람도 후세에 이로움이 되는 행동을 하라는 교훈적인 의미를 담고 있는 속담이다. 하지만 나는 이 속담을 좋아하지 않는다. 나에게는 이 속담이 다음과 같이 읽히기 때문이다.

"호랑이는 가죽 때문에 죽고, 사람은 이름(명예) 때문에 죽는다."(영화 〈황산벌〉에서 계백 장군에게 계백 장군의 아내가 한 대사이기도 하다.)

호랑이에게 중요한 것은 가죽을 남기는 것이 아니고 사람도 이름이나 명예를 후세에 남기기 위해 사는 것이 아님에도, 이 속담은 가죽이나 이름, 명예가 더 중요한 것이라는 착각을 하게 한다. 우리가 이 속담을 따르기 위해 너무 많이 노력했기 때문일까? 실제로 우리나라에 살았던 호랑이는 모두 가죽으로만 남아버렸고, 아직도 적지 않은 사람들이 누군가의 명예와 이름 때문에 희생되고 있다.

〈대호〉는 한반도에 호랑이가 살고 있던 시대에 그 호랑이를 잡으려 했던 사냥꾼의 이야기를 다룬 영화다. 영화의 배경은 일제강점기로, 당시 일제 통치자들은 조선의 호랑이를 잡아서 전리품으로 챙겨가곤 했다. 그래서 많은 조선인 포수들이 반강제로 호랑이를 잡는 데 동원되었고 조직적인 사냥으로 인해 많은 호랑이가 우리 땅에서 사라졌다. 실제로 조선총독부 〈통계연보〉 기록에 따르면 해로운 맹수를 제거한다(해수 구제)는 명분으로 1915년부터 1942년 사이에 한국에서 포살된 호랑이는 141마리에 이른다.

공식적인 기록이 이 정도라면 이때 우리나라에서 호랑이를 잡기 위해 어떤 일이 벌어졌는지는 쉽게 상상할 수 있다. 그리고 1943년 이후, 호랑이에 대한 공식 기록은 어디에서도 찾아볼 수 없다. 한반도에서 호랑이가 모두 멸종된 것이다.

호랑이를 존재 그대로 인정했던 조선의 포수

영화 〈대호〉의 일본인 고관 마에조노는 일제강점기 군부 통치자를 대표한다. 조선에서의 임기가 끝나가고 일본으로 복귀해야 하는 시기가 되자, 그는 지리산의 산군山君으로 불리는 호랑이 '대호'를 모든 수단과 방법을 동원해 잡으라고 명령한다. 이 명령에 따라 일본군과 조선의 포수들이 대거 동원되어 사냥에 나서게 된다.

1896년경에 촬영된 것으로 추정되는 수컷 한국호랑이 사진. 한반도에서 최초로 촬영된 호랑이 사진이다.

1921년 경주 대덕산에서 주민이 호랑이의 습격을 받자 일본인 순사가 포획대를 조직한다. 당시 포획대의 한국인 포수 이위우 씨가 사살한 마지막 호랑이의 모습. 사진 속 인물은 이 씨의 동생 이복우 씨다. 이 호랑이의 가죽은 일본 왕실로 보내졌다.

영화는 특히 이 땅에 살던 호랑이와 이를 쫓던 사람들의 모습을 사실적으로 묘사하는 데 초점을 맞춘다. 과거 사진 자료를 바탕으로, 최신 컴퓨터 그래픽을 동원해 멸종된 지리산 호랑이의 모습을 복원해냈고, 일제강점기 당시 처절하게 살아갈 수밖에 없었던 민초들의 모습도 잘 그려냈다. 영화를 본 사람은 누구나 느끼겠지만, 영화에 등장하는 지리산 호랑이의 사실감은 상당한 수준이다.

이 영화에서 주목할 부분은 호랑이가 아직 살아 있던 시대에 인간이 호랑이를 대하는 방식이다. 조선 마지막 명포수로 등장하는 천만덕은 일제 군부 통치자의 명령에도 지리산 호랑이를 잡는 일을 수락하지 않는다. 천만덕은 바로 그 호랑이 때문에 사랑하는 아내, 그리고 마지막 남은 가족인 아들을 잃었음에도 끝까지 사냥에 동참하지 않는 모습을 보인다.

지리산 호랑이를 잡으면 일본군으로부터 많은 돈을 받을 수 있고, 아내와 아들에 대한 복수를 할 수 있는데 천만덕이 끝까지 호랑이 사냥을 주저한 이유는 무엇이었을까? 그는 지리산 호랑이를 하나의 '독립적인 주체'로 인식했기 때문이다. 우리가 다른 사람들을 대할 때 마음에 들건 들지 않건 그들을 독립된 존재로 인식하고 그들의 방식과 영역(공간)을 존중해주듯이, 천만덕은 지리산 호랑이가 행동하고 살아가는 방식을 있는 그대로 받아들이려고 했고, 가급적 서로의 영역을 침범하지 않으려 했다. 심지어 자신의 아내와 아들이 죽게 된 상황에서도 말이다.

천만덕은 호랑이 대호뿐만 아니라 지리산에서 살아가는 다른 동

1917년 한반도에서 대대적인 호랑이 사냥을 벌였던 정호군征虎軍의 일본인 자본가 야마모토 다다사부로(왼쪽)가 호랑이를 포획한 뒤 조선인 포수 최순원과 함께 사진을 찍었다. 영화 〈대호〉는 정호군의 호랑이 사냥 기록을 많이 참고했다.(야마모토 다다사부로, 《정호기》)

영화 속에 등장하는 지리산 호랑이. 실제 호랑이 모습을 완벽에 가깝게 보여준다.

천만덕은 지리산 호랑이 때문에 아들과 아내를 잃는다.

물들의 삶의 방식도 존중했다. 동물은 생존에 필요한 경우에만 사냥을 하고, 가능한 한 자신의 영역을 지키며 살아간다. 천만덕 본인도 비록 동물을 사냥하는 포수지만, 생계를 위해 꼭 필요한 수준에서만 사냥을 하며 살아왔다. 천만덕의 이러한 삶의 방식 때문에 일본이 자신들의 영역이 아닌 우리나라에 와서 수집품으로 호랑이를 사냥해가는 방식에 동의할 수 없었던 것이다.

그래서 극 중 천만덕과 지리산 호랑이가 대면하는 장면은 사람과 동물이 만나는 장면이 아니라, 오랜 인연을 가진 두 사람이 만나는 상황처럼 그려진다. 호랑이가 일본군과 사냥꾼들에게 수차례 공격을 받고 온몸에 상처를 입은 상태로 천만덕을 찾아왔을 때, 그들은 아무 말도 하지 않고 서로를 오랜 시간 바라보며 뭔가 이해한다는 눈빛을 교환한 후에야 헤어진다. 그리고 이 만남 이후 천만덕은 자신의 집을 불태우고 호랑이를 잡기 위해 나선다. 마치 호랑이가 "이제 당신이 끝내주시오."라고 말하고, 천만덕이 답을 한 것처럼 보인다. 호랑이도 자신을 이용하려는 사람보다는 자신의 존재를 인정해주는 사람에게 최후를 맡기고 싶었던 것 아닐까?

오직 인간에 의한 인간만의 동물

인간은 어느 순간부터 동물을 '독립된 가치를 가진 고유한 존재, 그들만의 삶을 살아가는 존재'로 인식하지 않게 되었다. 요즘 어린이들은 호랑이 같은 동물들이 동물원에 사는 것이 너무나 당연하다고 생각할지도 모른다. 또 동물이 살아가는 이유는 인간에게 어떤 방식으로든 도움을 주기 위해서라고 생각할지도 모른다.

동물들에게 '동물원 속 삶'이란 인간에게 완전히 의탁하는 삶이다. 그들은 동물원에 갇힌 채 동물원의 소유자, 관리자, 사육사들에게 특정한 행동을 강요받는다. 얼마나 깊게 헤엄칠지, 얼마나 높게 뛸지, 얼마나 빠르게 달릴지, 무엇을 먹고 언제 어떤 방식으로 먹을지를 모두 사람이 결정한다. 심지어 동물이 누구와 어울리고 누구와 짝짓기를 하고 어떤 재롱을 부려야 할지도 사람이 결정한다. 그 기준은 오로지 동물원의 상황과 각 동물들이 관람객을 끌어들이는 정도, 그리고 사람들이 동물들에게 기대하는 욕망에 따라 결정된다.

그런 면에서 우리가 독립된 주체로 인식하고 그 존재 자체를 인정했던 마지막 동물이 호랑이가 아니었을까? 호랑이를 끝으로 이제 우리는 영원히 인간 이외의 종을 그 자체로 인정하지 못하게 된 것은 아닐까?

천만덕은 대부분의 조선인마저 호랑이를 이용의 대상으로 인식하게 되었을 때도, 마지막까지 반대편에 서 있던 사람이다. 어차피 누군가 할 일이니 해도 된다고 생각하는 사람들 속에서, 그런데도 해서는 안 될 일이 있다고 이야기하던 마지막 사람이다. 이 영화의 결말은 호랑이가 영원히 죽었다는 것과 함께, 동물을 그 자체로 인정해주던 사람(생각)도 함께 사라져버렸다는 것을 말하고 있는 듯하다.

인류는 '인류 인플루엔자'로 멸종할 것인가?

해프닝

조성화

공장사육이 부른 AI

"고병원성 조류 인플루엔자AI가 출몰했습니다!"

아나운서의 다급한 목소리가 들린 후, AI 발생 인근 지역의 차량 이동을 통제하고 해당 지역 가금류를 모두 도살처분하는 장면이 이어진다. 그리고 닭고기나 오리고기의 판매가 급감했다는 소식도 나온다.

언젠가부터 잊을 만하면 각종 언론에 이러한 뉴스가 나오곤 한다. AI가 전국적으로 번져 우리 모두가 AI 문제를 알게 됐던 2014년에 도살처분된 가금류는 1446만 마리였다. 그리고 2년 후인 2016년에는 1900만 마리를 넘어섰다. 이러한 추세라면 우리는 앞으로 매년 AI 때문에 2000만 마리 이상의 가금류를 도살처분하게 될 것이다. 몇백, 몇천 마리가 아니라 자그마치 2000만 마리의 생명이 산 채로 땅에 묻히는 것이다.

첨단 원형 축사의 소는 머리를 맞대고 어떤 생각을 할까?

우리가 AI에 민감하게 반응하는 이유는 AI가 사람에게 전염될 수 있고 사람이 AI에 걸리면 치사율이 매우 높기 때문이다. 이런 전염병은 비단 닭이나 오리 등 가금류에만 해당하는 것이 아니다. 소의 경우 광우병이, 돼지의 경우 구제역이 이와 같은 맥락에서 인간을 위협하고 있다. 조류독감, 광우병, 구제역 같은 질병이 발생하는 가장 큰 원인은 작은 공간에 지나치게 많은 수의 동물이 사육되면서 생긴 스트레스 때문이다.

이러한 질병의 창궐은 동물이 우리에게 보내는 일종의 메시지일지도 모른다. 지구의 수용력을 초과하는 인간이 자신의 식량을 확보하기 위해 동물을 마구잡이로 기르고 죽이고 먹는 것에 대해, 동물이 우리에게 보내는 서늘한 경고가 아닐까?

그나마 조류독감과 광우병, 구제역을 힘들게나마 통제할 수 있는 것은 닭, 소, 돼지가 사육시설에 있는 동물이기 때문이다. 그런데 만약 인간 삶의 방식에 대한 경고를 가축과 같은 동물이 아니라, 식물이 한다면 어떻게 될까? 지구상 어느 곳에나 존재하는 풀과 나무가 인간의 생활방식에 위기감을 느끼고 인간에게 치명적인 바이러스를 퍼뜨려서 멸종시키려 든다면? 영화 〈해프닝〉은 이런 엉뚱한 상상을 영상으로 펼쳐놓은 작품이다.

자연이 건네는 서늘한 경고

영화는 뉴욕 센트럴파크에서 사람들이 대규모 자살을 하는 사건으로 시작한다. 갑자기 도시에 사는 사람들이 갖가지 방법을 동원해 스스로 목숨을 끊는다. 건물 위에 있던 사람들이 뛰어내리고, 경찰은 총을 자신의 머리에 겨누고 방아쇠를 당긴다. 도시가 마비될 정도로 사태가 심각해질 때까지, 왜 사람들이 자살하는지 누구도 알지 못한다.

정부는 수많은 사람들이 죽은 뒤에야 죽음을 불러오는 원인을 파악한다. 자살 바이러스가 공기를 통해 전달된다는 것이다. 즉, 인구밀집도가 높은 도시에 사는 사람들은 모두 자살 바이러스에 감염될 가능성이 있었다. 그리고 일단 자살 바이러스에 감염되면 치료할 방법은 없다. 스스로 목숨을 끊어야만 상황이 종료된다.

이런 설정을 통해 영화 〈해프닝〉은 도시의 인구가 지나치게 집중된 현실의 문제를 이야기한다. 도시에서 너무 많은 사람이 살아가는 것이 인간에게 치명적인 위협이 될 수도 있다는 것을 경고하고 있는 것이다.

인구 증가와 밀집에 의한 위협을 감지한 자연은 이 문제를 해결하기 위해 인간의 밀도를 조절하려 하고, 이 막중한 임무를 부여받은 것은 다름 아닌 식물이었다. 지구 어디에나 있는 나무와 풀이 화학물질을 배출하고 이 물질이 공기를 통해 인간에게 전달되어 인간의 행동을 통제하는 것이다. 말도 안 되는 설정이라고 생각할 수 있지만, 우리는 약간의 화학물질만으로도 동물의 행동과 생각을 통제할 수 있다는 것을 이미 알고 있다. 의학 영역에서 사람을 포함한 동물의 특정 행동을 조절하기 위해 사용되는 약물들을 상상하면 이해하기 쉬울 것이다. 잠을 자기 위해 수면제를 먹거나 과잉행동을 억제하기 위해 약물을 복용하는 것이 대표적인 예다. 그런 화학물질의 존재를 보면 식물이 사람이나 동물의 생각과 행동을 통제한다는 설정이 아주 불가능한 것은 아닐 것이다.

조류독감 사례를 생각해보면, 영화 〈해프닝〉의 허무맹랑해 보이는 설정이 마냥 가볍게 다가오지만은 않는다. 좁은 공간에 너무 많은 개체가 열악한 환경에서 살게 되면, 개체들의 면역력이 떨어지고 바이러스가 빠르게 확산된다는 것을 우리는 이미 조류독감, 광우병, 구제역을 통해 잘 알고 있다. 그리고 이러한 상황에서 바이러스는 변이가 일어날 가능성이 커지며 바이러스는 쉽게 통제하지 못한다.

뉴욕 센트럴파크에서 대규모 자살 사건이 일어나는 것으로
영화는 시작한다.

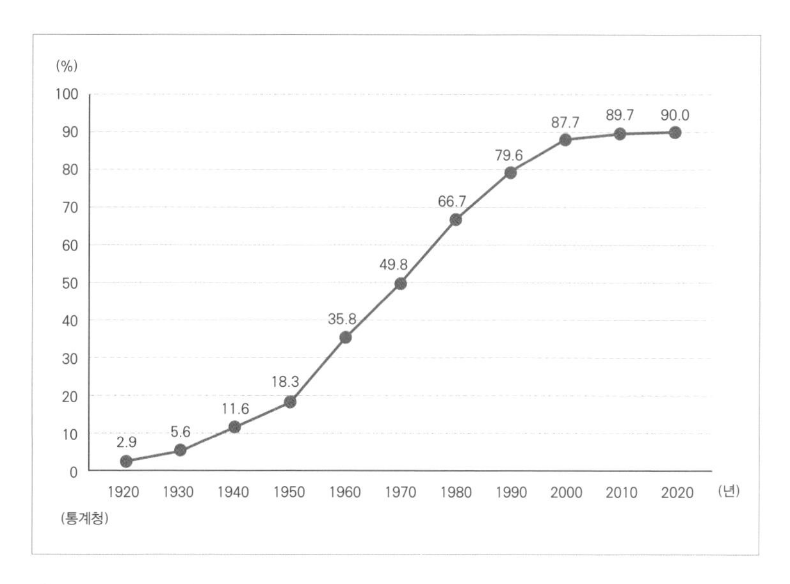

한국 총인구 중 도시 거주자 비율.
이미 우리나라는 10명 중 9명이 도시에서 살고 있다.

고병원성 인류 인플루엔자

이런 현상이 닭과 소, 돼지에게만 발생하라는 법은 없다. 실제로 지난 1918년 스페인독감이 전 세계로 확산되면서 수천만 명의 사망자가 발생했다. 당시 미국 시카고에서 창궐한 스페인독감은 무려 5000여 만 명의 목숨을 빼앗았는데, 이는 제1차 세계대전 때 사망한 사람보다 세 배나 많은 숫자다. 우리나라도 예외는 아니었다. '무오년 독감戊午年 毒感'이라고 불린 스페인독감은 국내에서만 740만여 명이 감염되어 14만여 명이 사망했다. 최근 미국 연구팀은 알래스카에 묻힌 스페인독감 사망자의 폐 조직에서 독감 바이러스를 채취해 재생했는데, 연구 결과 이 바이러스가 지금의 조류독감과 같은 종류라는 사실을 밝혀냈다. 인간을 숙주로 삼기 시작한 신종 바이러스들의 위험성은 이처럼 매우 높다.

만약 실제로 영화 〈해프닝〉에 등장하는 바이러스가 발생하면, 우리는 그러한 바이러스를 '고병원성 인류 인플루엔자HI'라고 부르게 될 것이다. 영화 〈해프닝〉에서는 일련의 사건들이 말 그대로 해프닝처럼 벌어지지만, 만약 지구상에 실제로 HI가 퍼진다면 하나의 해프닝으로만 끝나지는 않을 것이다. HI를 통제하기에는 환경이 열악한 도시가 너무 많기 때문이다. HI가 발생한다면, 방역 전문가들은 우리가 지금 닭, 소, 돼지에게 하고 있는 것처럼 사람들의 이동을 통제하고, HI가 발생한 지역 수 킬로미터 주변 사람을 모두 땅에 묻는 것이 최선의 방법이라고 주장할까? 무시무시한 상상은 상상으로만 끝나야 할 것이다.

"값이 싸면 다들 먹어"

옥자

권혜선

슈퍼돼지를 둘러싼 갈등과 충돌

옥자는 돼지다. 그냥 돼지가 아니라 몸집이 하마만큼 거대한 슈퍼돼지다. 옥자는 늘 미자와 함께 다닌다. 미자는 강원도 산골에 사는 순박하고 씩씩한 소녀. 옥자와 미자는 돼지와 인간으로 서로 종이 다르지만, 눈빛만 봐도 마음을 알 수 있는 십년지기 친구다.

옥자와 미자는 2017년 개봉한 영화 〈옥자〉의 주인공이다. 〈옥자〉의 스토리는 단순하다. 글로벌 기업 미란도 그룹은 10년 전 거대한 몸집을 가진 새로운 종의 돼지(슈퍼돼지) 새끼 스물여섯 마리를 세계 26개국에 보냈고, 베스트 슈퍼돼지 콘테스트라는 10년짜리 장기 프로젝트를 진행한다. 10년이 지나 옥자는 이 스물여섯 마리 돼지 중 베스트 슈퍼돼지로 선정되었고, 미란도 그룹은 옥자를 미국의 뉴욕으로 데려간다. 미자는 옥자를 찾기 위해 강원도 산골에서 뉴욕까지 가게 된다.

미란도 그룹의 포획을 피해 도망치는 옥자.

영화의 내용은 미자가 미란도 그룹으로부터 옥자를 찾아오는 것이 주를 이루지만, 미자와 미란도 그룹의 대결 자체만이 핵심은 아니다. 영화는 옥자를 둘러싸고 서로 다른 생각과 목표를 가진 사람들이 갈등하고 충돌하는 이야기를 보여준다.

미란도 그룹의 사장 루시 미란도는 옥자를 생명체가 아닌 상품으로 보고 옥자를 통해 돈을 버는 것만을 생각한다. 미자가 옥자를 찾아오는 과정에서 도움을 주는 동물보호단체 ALF Animal Liberation Front의 리더 제이는 옥자를 통해 미란도 그룹이 동물에게 저지르는 잔혹한 실상을 폭로하려고 한다. 미란도 그룹의 얼굴인 조니 윌콕스 박사에게 옥자는 자신에게 명성과 인기를 가져다주는 수단이다. 미란도 그룹의 한국 지사에서 일하는 미자의 삼촌에게 옥자는 자신이 성실히 수행하는 회사의 업무다. 미자의 할아버지에게 옥자는 팔아 돈이 되거나 고기가 되는 가축이다. 미자에게 옥자는 친구이자 가족이며, 함께 살아가는 존재다.

봉준호 감독은 옥자를 중심으로 다양한 인물을 배치해 영화적 재미와 함께 생각할 거리를 더했다. 이 인물들은 모두 약간씩 과장되게 표현되어 현실과는 동떨어진 판타지 느낌을 더한다. 하지만 이들은 바로 우리의 모습이며, 그래서 판타지 동화 같은 영화 〈옥자〉는 오히려 더 현실적으로 다가온다.

‘나’와 ‘너’로 관계 맺는다는 것

영화의 중요한 줄기는 옥자를 구출하기 위한 강원도 산골 소녀의 분투다. 미자는 혼자 서울과 뉴욕을 오가는 과정에서 달리는 차에 매달리기도 하고 길바닥에 구르기도 하며 필사적으로 몸을 던진다. 이 과정에서 눈이 붓고 온몸이 상처투성이가 되지만 옥자를 구하겠다는 미자의 마음은 변함이 없다. 영화는 옥자의 행동에 공감할 수 있도록 옥자와 미자의 관계를 공들여 보여준다. 옥자와 미자의 관계는 특별하다. 단순히 사람과 동물의 관계가 아니다. ‘나와 그것’의 관계도 아니다. 바로 ‘나와 너’의 관계다. 나의 전인격全人格을 통해 너를 만나고 대화하는 존재와 존재의 관계다.

“값이 싸면 다들 먹어” _ 옥자

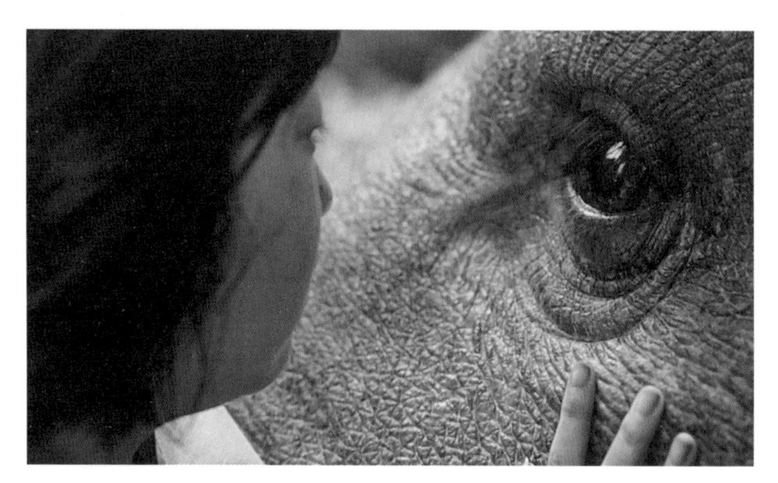

옥자의 눈을 보면 옥자의 감정을 알 수 있다.

우리는 주변에서 옥자와 미자 같은 관계를 어렵지 않게 찾아볼 수 있다. 많은 사람이 반려동물을 자식처럼 키우고, 키우던 반려동물이 세상을 떠나면 소중한 사람이 떠난 것과 같은 깊은 비통에 잠긴다. 2016년 인천에서 누군가 이웃의 반려견을 잡아먹은 사건에 대해 많은 사람이 분노한 것 역시 이 개가 누군가와 특별한 관계를 맺고 있었기 때문이다.

오래전 중국 제나라 선왕은 제물로 끌려가는 소를 본 후, 신하에게 제물을 소에서 양으로 바꾸라고 했다以羊易之. 이처럼 단 한 번 마주한 동물일지언정 얼굴을 본 관계가 되면 마음이 쓰이고 살피게 되기 마련인데, 10년을 함께 먹고 자며 자란 관계라면 말할 것도 없다.

동물은 사람과 마찬가지로 쾌감과 고통을 느낄 수 있는 감각과 감정이 있다. 사람은 이 감각과 감정을 바탕으로 동물과 교감하고 공감할 수 있으며, 이를 통해 '나와 너' 혹은 조금은 특별한 관계를 시작할 수 있다. 우리는 미자가 옥자에게 속삭이는 것을 보며 옥자가 말을 하지 못하더라도 옥자가 얼마나 기뻐하는지, 미란도 그룹에 끌려갈 때 얼마나 불안해하는지, 미란도 그룹의 실험실에서 참혹한 일을 당할 때 얼마나 고통스러운지 알고 함께 느낄 수 있다. 동물해방론을 주창한 피터 싱어는 동물이 사람과 같은 감각과 감정이 있으므로, 우리는 동물을 사람과 같이 존중하고 이해해야 한다고 말했다.

중요한 것은 우리가 옥자와 미자의 관계를 옥자와 미란도 그룹과의 관계보다 더 편안하고 안전하며 좋다고 느낀다는 점이다. 맹자가 말한 측은지심이 동물에게까지 적용되는 것일 수 있다. 슈바이처가 주장한 생명에 대한 외경일 수도 있다. 에드워드 윌슨이 이야기한 것과 같이 우리에게는 본능적으로 생명을 사랑하는 바이오필리아 Biophilia (자연과 생명에 대한 애정)가 있을 수도 있다.

친환경 이미지 뒤에 숨은 잔혹한 현실

미란도 그룹은 옥자와 미자의 관계를 이용한다. 아니 더 정확하게 말하면 옥자와 미자의 관계에서 생기는 이미지를 이용한다. 바로 우리가 옥자와 미자를 보며 느끼는 편안함, 안전함, 선함, 건강함과 같은 이미지 말이다. 보통 '친환경'이라고 생각하는 이미지다.

미란도 그룹이 옥자와 미자의 관계가 주는 이미지를 필요로 하는 것은 사람들(소비자)이 이러한 관계를 좋아하고 원하지만, 미란도 그룹은 이를 제공할 수 없기 때문이다. 오히려 실제의 미란도 그룹은 이와 정반대로 잔혹하고 무자비한 토대 위에서 운영된다. 미란도 그룹은 실제로는 환경에 유해하지만, 겉으로는 친환경인 척하는 전형적인 그린워시Greenwash다(그래서 그린워시를 '녹색 세탁'이라고도 한다).

사실 옥자는 미란도 그룹에서 공식적으로 발표한 것과 같이 칠레의 건강한 어미 돼지에게서 태어난 것이 아니다. 미란도 그룹 지하 실험실에서 유전자 조작을 통해 만들어진 GMOGenetically Modified Organism 돼지다. 미란도 그룹은 세계적인 육류 가공 기업으로서 더 많은 이익을 얻기 위해, 먹이는 덜 먹지만 몸집은 거대한 돼지를 유전자 조작으로 만든다. 그곳에는 옥자와 같은 수많은 형질 전환 돼지들이 전기가 흐르는 철창 우리에 갇혀 있다. 이들은 전기 충격기로 학대를 받으며 도살장으로 끌려가 머리에 총을 맞고 사지가 절단되어 우리가 아는 고기 제품으로 깔끔하게 포장되어 나온다.

〈옥자〉의 이런 장면을 보고 얼마 동안 돼지고기를 먹지 못했다는 사람들도 있다. 하지만 슬프게도 우리의 현실이 〈옥자〉의 현실보다 덜 참혹하다고 할 수 없다. 현재 대다수의 소와 돼지, 닭은 움직이기조차 힘든 작은 케이지 안에서 평생을 갇혀 산다. 농장에는 소나 돼지, 닭으로 채워진 작은 케이지들이 가득하며, 좁은 면적에 최대한 많은 수의 가축을 집약해 사육한다. 이것을 우리는 공장식 축산이라고 부른다(〈옥자〉 포스터를 보면 옥자가 등 위에 공장을 이고 있다).

돼지는 약 3세 정도의 지능에 영리하고 사교적이며 민감한 동물이다. 하루 이동 반경도 약 50km일 정도로 꽤 넓다. 하지만 공장식 축산 농가에서 돼지가 자라는 공간은 매우 좁고 더러우며, 돼지 배설물과 배설물에서 발생하는 가스로 가득 차 있다. 비위생적이고 열악한 공간에서 돼지는 극도의 스트레스를 받으며 불안, 경직, 피부 발진, 폐질환 등의 증상을 보이며 일찍 죽는 경우가 많다. 또 자해를 하기도 하고 신경증적인 행동과 함께 종종 서로의 꼬리를 물어 끊기도 한다.

이 때문에 공장식 축산 과정에서 새끼 돼지는 태어나자마자 마취 없이 거세되고 꼬리가 잘리며 어금니가 뽑힌다. 새끼를 낳는 어미 돼지는 몸을 돌리지도 못할 정도로 작고 차가운 케이지에 갇힌다. 그리고 평생 강제로 임신과 출산을 반복하다 더 이상 새끼를 낳을 수 없게 되었을 때 바로 도축된다. 이는 돼지에게만 해당하는 것이 아니다. 소는 태어나면 마취 없이 뿔이 잘리고 거세당한다. 이후 단기간에 살을 찌우는 약으로 범벅된 사료를 먹고 몸을 돌릴 수도 없는 좁고 더러운 곳에서 사육당하다 도축된다. 닭은 부리와 발톱이 잘린 채로 A4용지보다도 작은 더러운 공간에서 50여 일을 살다 도축된다(닭의 자연 수명은 7~13년이며, 오래 산 닭은 30년까지도 산다). 계란을 낳는 산란계는 24시간 불이 켜진 곳에서 낮인지 밤인지 구분하지 못하고 끊임없이 알을 낳다 2년을 채 못 살고 죽는다.

이처럼 비위생적이고 잔혹한 사육 환경에서 동물들은 끊임없이 질병에 걸리고, 전염병은 순식간에 번진다. 이를 막기 위해 공장식 축사를 운영하는 사람은 수시로 항생제 등의 약물을 동물에게 먹이고,

ⓒ 동물자유연대

어미 돼지가 엉덩이에 정액 호스를 꽂고 좁은 케이지에 누워 있다.

전염병이 발생하면 모두 땅에 묻어버린다. 때로는 산 채로 묻을 때도 있다.

이것이 우리가 먹는 대부분의 소와 돼지, 닭이 살아가는 과정이다. 하지만 우리는 이런 사실을 잊고 살아간다. 마트의 환한 조명 아래 깨끗하게 포장되어 다소곳이 놓여 있는 고기에는 푸른 풀밭 위에서 아무 일도 없었다는 듯 좋아 보이는 소와 돼지, 닭의 사진이 붙어 있다. 때로는 보다 직접적으로 동물이 사육된 지역의 이미지를 강조하며 '청정' '친환경' '그린' 등의 단어를 붙여 동물이 사육된 참혹한 환경과 과정을 가린다. 또는 환경 인증 마크나 이와 비슷하게 생긴 가짜 마크가 붙어 있는 경우도 있다.

당신은 기꺼이 황금 돼지를 내놓을 수 있는가

유럽에서 시작된 살충제 계란은 2017년 우리나라에서도 발견되어 한동안 전국을 계란 공포에 떨게 했다. 우리가 매일 먹는 계란에서 살충제 성분이 검출되었다는 소식도 충격이었지만, 친환경 인증 마크가 붙어 있는 계란에서도 검출되었다는 소식은 우리를 더 큰 충격과 혼란에 빠뜨렸다. 살충제 성분 검출로 부적합 판정을 받은 49개 농장 중 친환경 농장은 31개에 달했다.

사람들은 이제 어디서 무엇을 사서 먹어야 하는지 혼란스러워했고, 모든 식재료나 음식을 의심의 눈으로 보게 되었다. 한쪽에서는 친환경 마크가 있는 것이나 없는 것이나 마찬가지라며 실망감과 허탈함을 드러내기도 했다. 이 때문에 포장만 '녹색'이 아닌, 정말 친환경적으로 열심히 소와 돼지, 닭을 키우는 사람들까지 도매금으로 묶여 사람들의 의심과 질타를 받았다.

이런 일이 일어나게 된 것은 기본적으로 우리 사회의 허술한 친환경 인증 제도 탓이 크다. 친환경 인증 제도는 환경에 부담을 주지 않거나 부담을 대폭 줄인 농산물을 공식적으로 인증해, 환경을 보호하고 생산자와 소비자 간의 신뢰를 쌓을 수 있도록 돕는 제도다. 하지만 현실에서 이 제도는 엄격하게 작동하지 않았고 이로 인해 정직한 생산자와 의식 있는 소비자 간에 쌓인 신뢰마저 흔들리게 되었다.

그렇다면 그동안 이 일에 관심을 두고 제값을 지불하지 않았던 소비자는 잘못이 전혀 없다고 할 수 있을까? 영화에서는 미자가 황금 돼지로 옥자의 값을 지불하고 옥자와 함께 살던 곳으로 돌아갔다. 우리는 과연 황금 돼지를 지불할 수 있을까? 황금 돼지가 아니라면 우리는 무엇을 지불할 수 있을까? 원하는 가치를 얻기 위해서는 그만한 비용을 지불해야 함에도 비용 없이 가치만 얻으려고 하는 것은 아닐까?

루시 미란도의 그린워시가 실패하자 그녀는 회사를 걱정하는 임원에게 아무 일도 아니라는 듯이 말한다.

"가격이 싸면 다들 먹어."

미란도 그룹이 든든하게 믿고 있는 뒷배는 바로 우리일지도 모른다.

너구리도 우리처럼 산다

폼포코 너구리 대작전

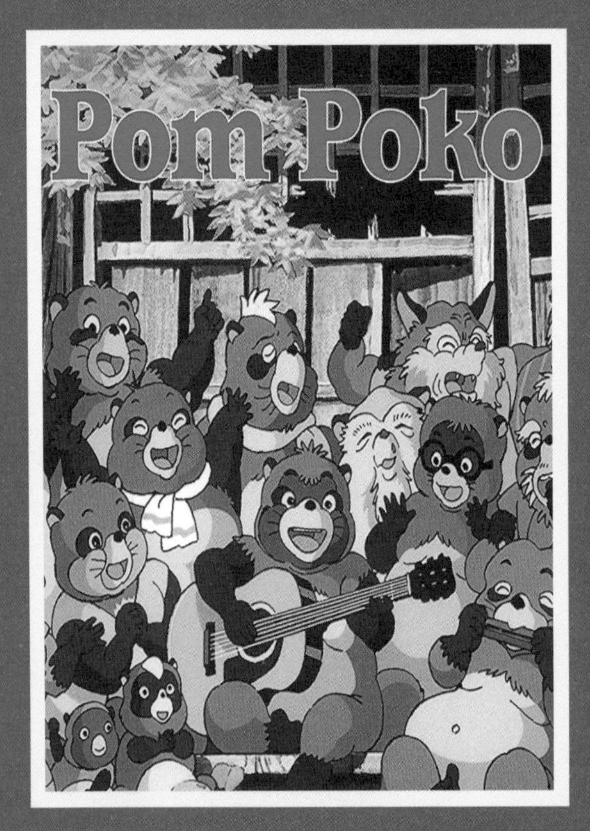

김희경

너구리, 대책회의를 하다

〈폼포코 너구리 대작전〉은 환경에 대한 영화를 얘기할 때 자주 거론되는 영화 중 하나다. 개발과 야생동물 서식지 문제를 정면으로 다루지만 일방적으로 딱딱한 주장과 의견만을 내놓지 않는다. 대부분의 장면이 귀여운 너구리들의 모습으로 채워져 있어서 보는 내내 미소를 짓게 만드는 귀여운 애니메이션이다. 하지만 마냥 웃을 수만은 없다. 우습지만 슬프고, 기발하면서도 미안한 마음이 동시에 들기 때문이다. 이 영화는 지금으로부터 20년도 훨씬 전인 1994년 일본에서 개봉해 엄청난 흥행을 기록했다. 우리나라에서는 11년 후인 2005년에 개봉했다.

영화의 배경은 1967년 도쿄 근교 타마시市의 숲이다. 숲을 서식지로 삼고 살아가는 주인공은 바로 너구리. 늘어나는 도시 인구의 주택난 해소를 위해 정부에서는 타마 뉴타운 프로젝트를 수립하고 산과 숲이 있는 곳에 집을 지으려고 한다. 위기감을 느낀 너구리들은 대책회의 끝에 '인간 연구 5개년 계획'을 시작하고 주워온 TV를 통해서 인간을 탐구한다. 그리고 인간에 맞서기 위해 오랜 전통이던 변신술을 되살린다. 변신술을 연마한 너구리들은 공사현장에 들어가 온갖 방해 작전을 펼친다. 그 작전은 어느 정도 성공하는 듯 보이지만 인간의 개발 의지와 속도를 막기엔 역부족이다. 생존을 위한 너구리들의 투쟁 과정은 애처롭지만, 영화는 이를 매우 유쾌하고 코믹하게 그려낸다. 그리고 천진난만한 너구리들의 생각과 행동은 인간의 무지와 몰인정을 더욱 도드라지게 만든다.

배경이 되는 타마 뉴타운은 실제 존재하는 곳이다. 타마는 도쿄에서 차로 한 시간 정도 거리에 있는 도시로, 도쿄의 베드타운 역할을 하도록 설계된 일본 최초의 신도시다. 1965년부터 뉴타운 프로젝트가 시작됐다고 하니 영화에서 설정된 배경과 그대로 들어맞는다. 타마시라는 키워드로 검색을 해보면 '풍부한 자연과 다양한 도시기능이 조화된 환경친화적인 주거단지'가 이 도시의 기본 방침이라는 말을 찾을 수 있다. 아파트만 들어찬 도시가 아니라 다양한 형태의 주택, 공원, 편리한 보행자 도로 시스템 등이 갖춰진 꽤 살기 좋은 도시처럼 보인다. 우리나라에도 이런 개념을 갖춘 신도시가 적지 않다. 몇몇 이름들이 떠오른다. 대도시보다 더 자연과 가깝게 살 수 있고, 널찍한 도로를 갖추고, 아이를 키우며 살기 좋은 곳으로 알려진 곳들이다.

생존을 위한 너구리들의 투쟁 과정은 애처롭지만, 영화는 이를 매우 유쾌하고 코믹하게 그려낸다.

도쿄의 베드타운 역할을 하도록 설계된 일본 최초의 신도시 타마 뉴타운.

생태 중심주의 환경윤리의 시작

빽빽한 빌딩 숲에 소음이 가득한 곳이든, 알록달록 예쁜 집들이 그림처럼 자리 잡은 곳이든 인간이 자신의 목적을 위해 인위적으로 설계하고 건설한 도시는 모두 누군가의 희생 위에 세워진다. 그 희생자는 너구리나 여우, 어치나 오색딱따구리, 소나무나 바람꽃이 될 수 있다. 내 필요를 충족시키기 위해서라면 멧돼지 한 가족쯤은 희생시켜도 될까? 10만 명의 거처를 마련하기 위해서라면 50만 마리의 생물이 살고 있는 숲을 밀어버려도 괜찮을까? 고민의 틈도 없이 그런 일들은 수천 년 전부터 진행되어왔고, 지금도 꾸준히 이어지고 있다.

미국의 산림학자이자 생태학자인 알도 레오폴드Aldo Leopold는 1948년《모래 군의 열두 달A Sand Country ALMANAC》이라는 책을 내놓았다. 그는 과거 서구인의 윤리 대상이 백인에 한정되었던 것이 유색인종까지, 남성에 한정되었던 것이 여성까지, 자본가에게 한정되었던 것이 노동자까지 확대된 역사적 흐름에 주목했다. 이러한 윤리의 확대는 진화론적으로, 생태학적으로 필연적으로 이루어질 수밖에 없다고 그는 주장했다. 앞으로 확장될 윤리의 대상은 인간종을 넘어서 동물과 식물이 될 것이라고, 그렇게 될 수밖에 없다고 말했다. 그리고 이제 자연을, 땅을 경제적 시각으로만 보지 말고 윤리적으로 옳은 것이 무엇인지, 심미적인 아름다움이 무엇인지 생각하라고 했다. 이것이 환경윤리의 시작이다.

환경윤리는 인류 중심의 윤리관을 넘어서 동물과 식물 같은 비인류도 도덕적으로 대우하는 윤리 체계를 주장한다. 인류 중심주의를 넘어선 생태 중심주의는 인간뿐 아니라 생태계 모든 존재가 고귀한 존재이며, 따라서 인간이 오직 인간만을 위해서 자연을 마음대로 지배하거나 착취하면 안 된다고 주장한다. 우리는 지금 어디에 있을까? 1948년 레오폴드의 주장처럼 필연적으로 이루어질 수밖에 없는, 동식물에까지 확장된 윤리의 세상에 살고 있을까?

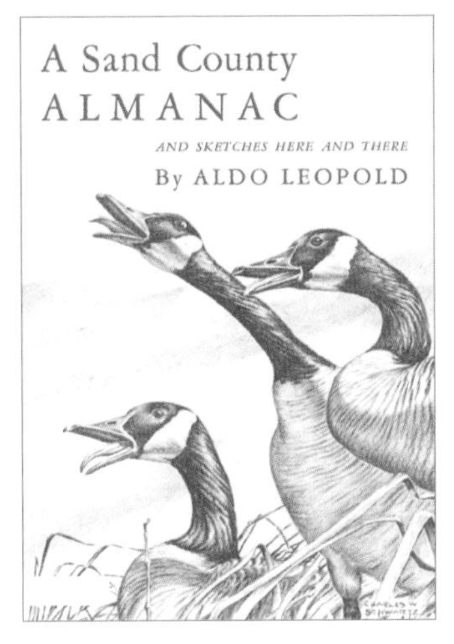

생태 중심주의를 주장한 알도 레오폴드의 《모래 군의 열두 달》.

〈폼포코 너구리 대작전〉에서 너구리들은 뉴타운 프로젝트를 착착 진행하는 인간들을 향해 이렇게 말한다.

"우리는 같은 동물인 줄 알았는데, 인간에게는 부처 같은 큰 힘이 있구나."

이 말은 인간이 동물들에게 하는 말을 뒤집은 것처럼 보이기도 한다.

"우리는 너희와 같은 동물이 아니야. 우리는 자연 세계를 지배하는 큰 힘을 가진 주인이지."

이런 생각들이 현재 생태위기의 뿌리일지도 모른다. 학자들은 인본주의 사상, 16~17세기의 근대과학, 18세기의 계몽주의 사상 등이 인간을 자만심에 빠뜨리고, 스스로를 자연의 지배자 위치에 올려놓

왔다고 주장하기도 한다. 인간은 너구리나 곰, 개구리나 딱새보다 큰 힘을 갖고 있을 수 있다. 하지만 힘을 가진 것이 그 힘을 마음껏 휘둘러도 된다는 것을 의미하진 않는다. 레오폴드는 윤리의 대상이 확장되는 것은 필연적이라고 했다. 과연 우리는 동식물에까지 확장된 윤리의 세상에 살고 있을까?

우리의 너구리는 어디에 있을까?

〈폼포코 너구리 대작전〉은 인간이 인간만의 쾌적한 생활을 고민할 때, 그로 인해 희생당하는 존재를 보라고 권한다. 인간이 뉴타운이라는 이름으로 침략한 땅은 너구리들이 먹고, 자고, 새끼 낳고, 춤추며 노는 땅이다. 그리고 그 너구리들은 인간과 똑같이 희로애락을 즐기는 존재라는 것을 보여준다.

영화를 보고 나면 너구리들에게 미안한 마음이 든다. 도시 한켠 풀밭에서 춤추는 마지막 장면에서는 코끝이 찡해진다. 환경을 위한 생각과 주장 들은 언제나 많다. '환경보호를 위해서 이런저런 일을 해야 해.' '개발 계획은 신중해야 해.' '생태도시 또는 압축도시가 대안이 될 수 있지.' '생물다양성은 꼭 지켜야 해.' 모두 꼭 필요하고 중요한 일이다. 하지만 그런 생각과 인식의 밑바탕에는 다른 생명에 대한 공감 능력과 그에 걸맞은 윤리의식이 기초가 되어야 한다. 〈폼포코 너구리 대작전〉은 그 어떤 환경학자, 윤리학자의 가르침보다 더 직관적인 울

너구리들도 인간과 똑같이 희로애락을 즐기는 존재다.

림을 준다.

'그래, 너구리도 우리와 똑같은 생명이구나. 그걸 너무 오랫동안 잊고 살았구나.'

우리는 여기서부터 출발해야 할 것이다.

우리를 망치는 달콤한 탐욕

2

콩고의 눈물 닦아주는 오늘의 타잔이 필요하다

레전드 오브 타잔

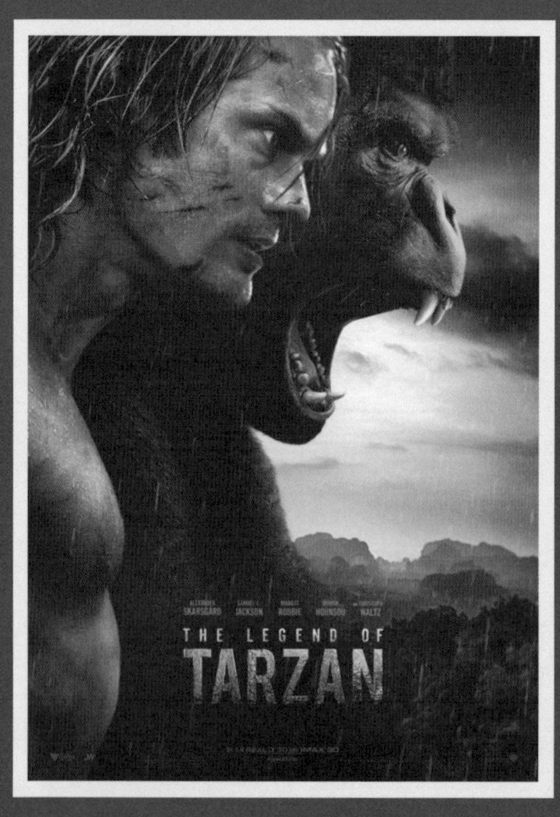

김희경

타잔이 돌아왔다

'타잔'은 우리에게도 낯선 존재가 아니다. TV 시리즈 〈타잔〉이 한국에서 방영된 것이 1970년대라고 하니, 당시의 타잔을 기억하는 사람이라면 40대는 훌쩍 넘은 나이일 것이다. 밀림에서 넝쿨을 타거나 타조 위에 앉아 있던 모습, 아내 제인과 침팬지 친구 치타, 원주민이 등장하는 장면이 많은 이들의 기억 속에 아직 남아 있을 것이다. 위기의 순간, '아아아~' 하고 외치면 어디선가 코끼리 떼가 나타나서 악당들을 짓밟아주었던 통쾌한 장면도 생생하다. 물론 집 안 기둥 어딘가에 수건을 묶어 매달리면서 '아아아~' 고함을 질렀던 추억도 잊을 수 없다.

어린 시절, 텔레비전에서 만난 타잔의 이미지는 밀림에 사는 멋진 영웅, 동물들의 다정한 친구, 제인을 지키는 든든한 남자였다. 그 타잔이 2016년, 영화로 돌아왔다. 돌아온 타잔은 과거 기억에 남아 있던 모습과 비슷하면서도 달랐다.

우리가 처음 만났던 타잔은 밀림에 사는 멋진 영웅,
동물들의 다정한 친구, 제인을 지키는 든든한 남자였다.

타잔과 콩고의 슬픔

데이비드 예이츠 감독의 〈레전드 오브 타잔〉에 등장하는 타잔은 영국의 귀족이자 상원의원이 된 존 클레이턴이다. 밀림에 살던 타잔은 제인과 함께 영국으로 돌아왔으나, 친구들이 있는 콩고가 위기에 처해 있다는 사실을 알게 된다. 존 클레이턴, 아니 타잔은 미국인 외교관 윌리엄스, 아내 제인과 함께 콩고로 가서, 콩고인을 노예로 삼으려는 벨기에 왕과 다이아몬드를 탐내는 악당 롬의 야욕에 맞서 싸운다.

콩고와 벨기에라는 특정 국가의 이름이 콕 찍어 나온 것은 시대적 배경 때문이다. 벨기에의 왕 레오폴드 2세는 1865년부터 1909년까지 재임했다. 제국주의가 정점인 때였고 레오폴드 2세는 콩고를 식민지로 삼고 자원을 약탈했다. 콩고의 부족장들을 선물로 매수해 "땅 소유권과 통치권을 영원히 넘긴다."라는 증서에 서명하게 한 다음 영토를 전부 빼앗아 개인 소유로 만들어버렸다.

그는 초기에는 상아, 그 후에는 고무에 욕심을 냈는데 고무를 수탈하는 과정은 그야말로 전설로 불릴 만큼 악랄하고 끔찍했다고 전해진다. 콩고의 고무나무는 그 양이 상당했지만 고무 채취 과정이 굉장히 어려워서 원주민들도 피하는 고된 일이었다. 레오폴드 2세 일당은 고무를 확보하기 위해 온갖 방법을 동원했다. 강제 동원한 원주민에게 할당량을 정해놓고 이를 채우지 못하면 아내나 자녀의 손을 절단하거나 죽이는 일을 자행했다. 그뿐만 아니라 못 채운 할당량을 주변 사람들에게 전가해 결국 마을 주민 전체를 학살하기도 했다.

당시의 만행은 '고무 테러'라고 일컬어지고 있는데, 레오폴드 2세의 통치 기간에만 콩고인 수백만 명이 목숨을 잃었다. 끔찍한 학살의 대가로 챙긴 돈은 대부분 외국으로 빼돌렸다. 〈레전드 오브 타잔〉은 '고무 테러'를 전면에 내세우지는 않지만, 상아를 실어 나르고 콩고인을 노예로 삼으려는 벨기에 왕의 야망을 보여주면서 역사적 아픔을 조금씩 보여준다.

레오폴드 2세는 왜 그렇게 콩고인을 괴롭히면서 고무를 얻어야 했

제국주의가 절정에 이르던 때 아프리카 식민지를 착취한 벨기에 왕 레오폴드 2세.

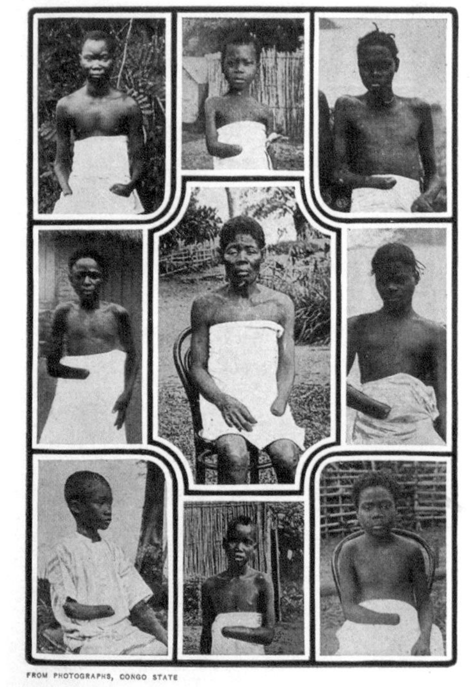

아버지와 남편이 고무 채취 할당량을 채우지 못했다는 이유로 그들의 아이와 부인의 손목을 잘라냈다.

을까? 당시 산업이 급속도로 발전하고 고무 활용법이 개발되면서 서구를 중심으로 고무 수요가 급증했다. 자전거와 자동차의 타이어, 호스, 신발, 전기 절연장치 등에 고무가 사용됐고, 수요가 급증하다 보니 그만큼 가격도 천정부지로 뛰어올라 ‘검은 황금’으로 불렸다(고무의 내구성을 강화시키는 과정에서 검은색이 되는 경우가 많았다). 인조고무가 발명되기 전에는 고무가 곧 돈이었다. 레오폴드 2세의 전설적인 광기는 그런 배경 속에서 진행되었다.

레오폴드 2세라는 존재가 없었다면 콩고의 슬픔은 없었을까? 모든 것이 레오폴드 2세 때문이라면 그러한 야만적인 일은 단일 사건으로 끝나야 했겠지만, 물론 그렇지 않았다. 자원의 종류와 그것을 착취하는 사람이 바뀌었을 뿐 유사한 상황은 계속됐다. 자원은 상아, 고무에서 우라늄, 콜탄, 주석, 금, 다이아몬드로 이어졌고, 착취자는 벨기에 레오폴드 2세에서 더 많은 나라의 더 많은 사람으로 확대됐다.

물론 자원으로 고통을 받은 곳은 콩고만이 아니다. 남아프리카공화국, 시에라리온, 수단, 세네갈, 르완다, 우간다, 부룬디 등 수많은 아프리카 국가가 자원 착취의 고통에 신음했다. 결국 콩고와 아프리카를 괴롭힌 것은 미치광이 한 사람 때문이 아니라, 그렇게 될 수밖에 없는 구조가 작동한 결과였다.

욕구가 만든 슬픔

유럽과 미국 등 오늘날 선진국의 경제발전 뒤에는 아프리카에서 빼앗아온 천연자원과 건강한 인력이 있었다. 이후 노예라는 인적자원은 석유로 대체됐지만 천연자원의 수탈은 계속되고 있다. 이것은 비단 남의 나라의 얘기만은 아니다. 지금 우리가 누리고 있는 편리한 생활 뒤에도 지구 반대편의 희생이 있다.

1906년 잡지 〈펀치〉에 실린 만평. 레오폴드 2세를
콩고인을 휘감는 고무나무 덩굴로 그렸다.

2~3년마다 쉽게 바꾸는 휴대폰을 보자. 휴대폰을 제조하는 데에 필요한 원료 콜탄의 주요 생산지는 콩고다. 휴대폰의 전 세계적인 보급으로 콜탄은 급속하게 인기가 치솟았고 콩고에서는 콜탄을 얻기 위한 무분별한 채굴이 이뤄졌다. 이 과정에서 가혹한 노동 착취와 갈등이 발생했다. 사랑의 증표로 주고받은 다이아몬드 반지 또한 시에

라리온의 비극과 연결된다. 다이아몬드를 둘러싼 분쟁과 내전으로 1991년부터 2002년까지 10년간 약 20만 명이 사망했고 25만 명의 여성이 유린당했으며 4000명의 사지가 절단되었다. 그야말로 '피의 다이아몬드'다. 사람의 희생만 있는 것이 아니다. 다이아몬드, 고무, 우라늄, 콜탄 등 자원을 얻는 과정에서 숲과 생물들의 생명, 서식지 파괴가 이어졌다.

레오폴드 2세의 엽기적 행각과 악랄한 행동, 그리고 그를 비판하는 것은 어쩌면 우리 일상의 구조적 문제를 외면하게 만드는 것인지도 모른다. 하지만 더 많은 자원을, 더 빠르게, 더 싼 가격에 소비하기를 원하는 인류의 욕구가 계속되는 한, 또 다른 레오폴드 2세는 앞으로도 계속 존재할 수밖에 없을 것이다.

오늘의 타잔이 필요하다

〈레전드 오브 타잔〉을 찬찬히 살펴보면 다소 아쉬운 부분이 보인다. 타잔이 롬과 싸운 것이 결국 제인을 구하기 위해서였던 것이나, 원주민의 리더 역할을 백인인 타잔이 맡은 것만 봐도 고개를 갸웃거릴 수밖에 없다. 그래도 영화 속 타잔은 타잔의 역할을 했다. 자연의 법칙에 순응했고, 약자 편에 섰으며, 옳은 일을 위해서 행동했다. 그래서 그는 영웅이다. 스크린 속 타잔은 허상이지만, 스크린 속 상황은 현실이다. 자연은 착취의 대상이고, 강한 자는 약한 자를 억압하는 진짜

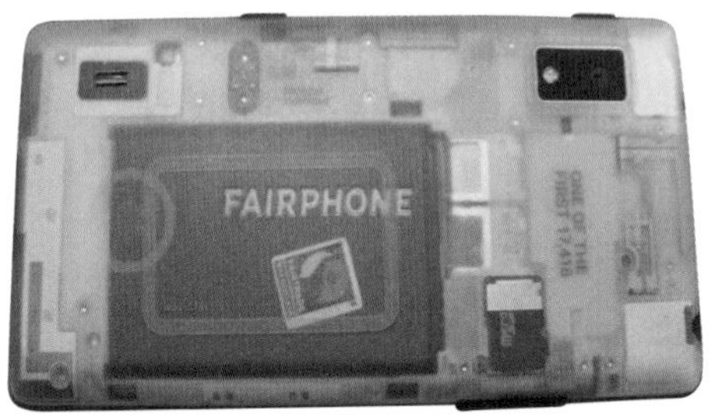

지구와 사람에게 끼치는 해를 최소화해서 설계하고 생산된 스마트폰, 페어폰. 네덜란드의 사회적 기업 페어폰이 개발했다. 조립식이고 분쟁지역과 원주민 착취 지역의 광물을 사용하지 않는다.

© Kaihsu Tai

우리의 현실이다.

그렇다면 어떠한 형태로든 현실에서도 타잔이 필요하지 않을까? 현실의 타잔은 자연의 법칙에 순응하고, 약자 편에 서며, 옳은 일을 위해서 행동하는 시민의 모습으로 그려볼 수 있다.

그러한 시민은 엄청난 근육과 힘을 필요로 하지 않는다. 고릴라와 대화할 필요도 없다. 생태계의 가장 기본적인 원리를 이해하고, 행동이 미치는 결과에 책임지는 자세를 가지며, 이를 위해 몸을 움직이는 의지를 갖추면 된다. 내가 소비하는 물건의 생산 이력을 고려하고, 지구와 다른 사람의 고통을 감소시키기 위해 행동하는 것도 그런 행동일 수 있다. 휴대폰을 자주 바꾸지 않고 다이아몬드 반지를 포기하는 등 자원 소비를 줄이는 것, 그 의미를 주변에 알리고 독려하는 것, 소비를 부추기는 마케팅에 현혹되지 않게 이끄는 것, 혹은 공평한 사회를 만들기 위해 기부나 지원을 하는 사람이 필요하다. 그런 타잔이, 그런 시민이 오늘 필요하다. 나도 당신도 오늘의 타잔이 될 수 있다.

설탕, 자꾸 빠져드는 달콤한 불행

슈가 블루스

SUGAR
BLUES

One mother's fight
against the global sugar mafia.

A tragicomic, vibrant and emotional story
that will set you free from
the Sugar Blues.

권혜선

마음 놓고 설탕을 즐긴 결과

여기 한 여자가 있다. 여자는 셋째 아이를 임신해 병원에서 검진을 받고 의사로부터 임신성 당뇨병이라는 말을 듣는다. 임신성 당뇨병은 임산부뿐만 아니라 배 속의 아이까지 위험할 수 있다. 그녀는 충격과 혼란에 빠진다. 사실 그녀는 그리 뚱뚱하지도 않고 단것을 특별히 많이 먹거나 좋아하는 것도 아니다. 가족 중 당뇨병으로 고생한 사람도 없다. 그녀는 묻는다.

"왜 내가 임신성 당뇨병에 걸린 걸까?"

다큐멘터리 영화 〈슈가 블루스〉는 바로 이 질문에서 시작한다. 이 작품을 만든 안드레아 컬코바 감독은 셋째 아이를 임신해서 낳고 키우는 3년 동안 설탕에 대해 집요하게 탐색했다. 그리고 이 과정을 다큐멘터리 형식으로 기록해 영화 〈슈가 블루스〉를 만들었다.

영화 제목인 'SUGAR BLUES'는 1920년대 미국에서 유행했던 대

컬코바 감독과 가족들. 영화에는 감독과 가족이 함께 등장한다.

중가요 제목을 차용한 것이다. 당시 미국 사람들은 설탕의 단맛을 무척 좋아했고, 설탕을 먹는 데 아무 거리낌이 없었다. 설탕을 듬뿍 넣은 음식과 음료를 마음 놓고 즐겼다. 경제 호황을 맞은 1920년대에 미국의 설탕 소비는 크게 늘어났다. 이후 1975년 〈뉴욕포스트〉 기자인 윌리엄 더프티가 설탕의 위험성을 알린 동명의 책을 출판하며, '슈거 블루스'는 '설탕의 섭취로 인해 발생하는 육체 및 정신의 복합적인 질환'을 뜻하는 말이 되었다.

> …너도나도 노래하네, 슈거 블루스
> 나는 불행 속에 고통스러워 하네
> 바닥에 쓰러져 죽어가네

…슈거, 또 슈거

달콤한 슈거 블루스에 자꾸 빠져드네.

_노래 〈슈거 블루스〉 중에서

순수한 단맛의 탄수화물

설탕은 무엇일까? 우선 설탕은 물질 이름이 아니다. 설탕은 사탕수수나 사탕무, 사탕단풍나무 등의 즙을 순수한 결정으로 만든 '자당'의 제품 이름이다. 설탕은 꽤 복잡하고 번거로운 과정을 통해 만들어진다. 먼저 사탕수수 등에서 얻은 즙을 끓인 후 다시 차갑게 식혀 결정으로 만든다. 이렇게 만들어진 결정체는 원심분리기를 이용해 당밀을 분리하고 흑당(조당)으로 만든다. 흑당을 다시 물에 녹여 여러 번 거르고 또 걸러 불순물을 모두 제거한다. 이 과정에서 칼슘, 마그네슘, 비타민 등의 영양소와 흑당의 색소까지 모두 빠져나가며, 최종적으로 자당이라는 순수한 당만 남는다. 이것이 우리가 아는 정백당(백설탕)이다.

순수한 결정물인 설탕의 구조는 매우 단순하다. 설탕은 탄소와 수소, 산소로 구성되어 있으며, 포도당 분자 한 개와 과당 분자 한 개가 결합한 분자 두 개로 이루어져 있다. 사실 설탕은 탄수화물의 한 종류다. 탄수화물은 탄소와 수소, 산소의 세 가지 원소로 이루어진 물질을 말하기 때문이다. 그래서 설탕은 식품 영양성분표에 탄수화물로 표시되기도 한다.

탄수화물의 한 종류인 설탕은 분자 구조가 짧기 때문에 몸에 들어가면 바로 포도당과 과당으로 분해되어 흡수된다. 포도당은 우리가 사용하는 가장 기본적인 에너지원으로 열량이 높다. 사용하고 남은 포도당은 몸에 쌓인다. 다시 말해 '살이 찌는 것'이다. 탄수화물의 대표주자인 밀가루 역시 몸에 들어가면 포도당으로 분해된다. 하지만 밀가루의 주성분인 녹말은 여러 개의 포도당이 결합한 형태로, 설탕보다 분해와 흡수 시간이 길다. 이런 이유로 단것과 밀가루를 많이 먹으면 살이 찌며, 밀가루보다는 설탕이 더 쉽게 살이 찐다.

설탕의 여러 형태. 왼쪽 위부터 시계 방향으로 백설탕, 정제하지 않은 설탕, 황설탕, 처리하지 않은 사탕수수 가루.

설탕에 열광하는 우리의 뇌

하지만 우리는 설탕을 좋아한다. 달콤하고 부드러운 케이크, 입안에서 녹는 아이스크림, 찐득한 초코칩이 잔뜩 들어간 쿠키, 이 외에도 '단짠단짠'이라 불리는 달고 짠 음식들. 설탕을 많이 먹으면 살이 찌고 건강에 안 좋다는 것을 알지만, 사실 자제하기란 쉽지 않다.

하브리대학의 유발 하라리 교수는 그의 저서《사피엔스》에서 현대인이 달고 기름진 고칼로리 음식을 탐하는 이유를 수만 년 전 인류가 경험한 수렵 채집 생활에서 찾았다. 과거 수렵 채집인이었던 우리 조상들이 먹을 수 있는 달콤한 음식은 잘 익은 과일뿐이었다. 과일나무를 운 좋게 발견한 수렵 채집인이 할 수 있는 가장 합리적이고 타당한 행동은 과일을 그 자리에서 먹을 수 있는 만큼 최대한 먹는 것이었다.

앞서 설명한 것과 같이 짧은 분자 구조의 당은 몸에 들어가면 바로 포도당으로 분해돼 에너지원으로 전환된다. 먹을거리가 부족했던 시절의 달콤한 음식은 단지 맛이 아니라 쉽게 에너지로 전환되어 생존에 도움을 주는 중요한 것이었다. 생존이 과제였던 시기에 우리는 단맛을 좋아하도록 학습되었고, 단맛에 열광하는 유전자를 갖게 되었다. 그리고 우리는 이 시기에 만들어진 뇌를 가지고 현재를 살아가고 있다.

실제로 설탕이 몸속에 들어오면 뇌의 쾌락 중추를 자극해 도파민과 세로토닌을 분비시킨다. 도파민과 세로토닌은 행복을 느끼는 것과 관련된 물질로 잘 알려져 있다. 도파민이 분비되면 우리는 에너지와 의욕, 흥분을 느끼고, 세로토닌이 분비되면 안정감과 평화로움을 느낀다. 달콤한 것을 먹으면 기분이 좋아지는 것은 바로 도파민과 세로토닌이 분비되기 때문이다. 우울하거나 스트레스를 받을 때 달고 끈적거리며 기름진 것이 먹고 싶은 것은 뇌에서 세로토닌과 도파민을 원하기 때문이다. 그래서 감정적으로 위로를 받고 싶을 때 우리는

설탕의 원료가 되는 사탕수수.

달콤한 케이크나 아이스크림, 정크푸드 같은 일명 '나쁜 음식'이 생각나고, 그것을 먹으며 위안을 얻는다.

우리 몸에서 설탕이 작용하는 이런 과정은 헤로인 같은 마약이나 담배의 니코틴이 작용하는 과정과 같다. 마약으로 분류되는 헤로인이 몸에 들어가면 도파민과 세로토닌을 비롯한 여러 물질이 분비되고, 흥분과 환각을 일으킨다. 엑스터시는 도파민보다 세로토닌을 더 많이 분비시키는 독특한 물질로, 복용했을 때 안도감과 함께 쾌감을 느낄 수 있다고 한다(엑스터시 한 알을 먹으면 햄버거 250개를 먹은 것 같은 만족감을 경험할 수 있다고 한다). 연기로 흡수하는 담배의 니코틴은 10초 이내에 뇌에 도달하며, 마찬가지로 도파민과 세로토닌을 분비시킨다.

설탕은 사탕수수 등을 정제해 순도를 높인 순수한 물질로, 자연에서 얻은 식품이다. 자연에서 얻은 천연식품을 먹는 것이 뭐가 문제가 될까 싶을 수도 있다. 하지만 아편 역시 양귀비의 유액을 말린 천연식품이다. 그리고 천연식품인 아편을 설탕처럼 정제해 순도를 높이면 '다이아세틸 모르핀Diacetyl morphine'이라고 불리는 헤로인이 된다.

문제는 우리의 뇌가 자제 능력이 없다는 것이다. 뇌는 쾌감의 경험만을 기억하며, 그 경험이 지속되기를 요구한다. 자극은 역치가 존재하므로, 자극을 경험할수록 뇌는 좀 더 강한 자극을 원하게 된다. 즉, 더 강한 도파민과 세로토닌을 지속적으로 원하게 되는 것이다. 배가 불러 식욕이 떨어져도 달콤한 케이크와 아이스크림을 보면 곧바로 '먹고 싶다'는 생각이 든다. 이것은 뇌가 그렇게 작용하고 있기 때문이다. 일상생활에서 이런 과정을 통해 뇌는 우리가 자각하든 자각하지 못하든 간에 도파민과 세로토닌을 분비시키는 설탕에 중독된다. 책《슈거 블루스》의 저자인 윌리엄 더프티는 설탕이 헤로인과 니코틴 이상의 중독성을 가지고 있는 환각제라며, 설탕의 위험성을 경고했다.

설탕은 뇌를 통해서만 중독되는 것이 아니다. 설탕을 지나치게 많이 먹으면 높아진 혈당을 낮추기 위해 췌장에서 인슐린이 많이 분비되고, 분비된 인슐린은 혈당을 모두 연소시켜 몸을 혈당이 부족한 저혈당 상태로 만든다. 저혈당 상태의 몸이 혈당 수치를 높이기 위해 당을 섭취함으로써 몸속에 다시 당 성분이 많아지게 되고, 또다시 인슐린이 분비되는 과정이 반복된다. 이것이 당이 당을 부르는 '단순 당 중독'이다.

인슐린이 자주, 그리고 많이 분비되는 과정에서 췌장에 무리가 가해져 기능이 손상되면 인슐린 분비에 문제가 생기고 당뇨가 진행된다. 이뿐만 아니라 설탕의 과도한 섭취는 면역력 감소, 혈액 순환 장애, 비만, 심장병, 치매, 동맥경화증 등의 무서운 질병을 불러올 수 있다. 또 심리적으로 불안감과 우울증을 높이기도 한다.

설탕 권하는 사회

이토록 많은 부작용과 위험성에도 불구하고 설탕은 어디에나 있다. 냉면, 짜장면, 빵, 아이스크림, 고추장, 간장, 불고기, 찌개, 아이들이 먹는 사탕과 과자까지… 우리가 쉽게 접하고 일상적으로 먹는 음식 중 당을 첨가하지 않은 것은 정말 찾아보기 힘들다. 마트에 가면 진열장 가득 저렴하고 다양한 설탕이 진열되어 있고, 맛이 없으면 설탕을 넣으면 된다며 음식에 설탕을 쏟아 넣는 요리 프로그램이 인기를 얻기도 했다.

헤로인만큼 위험하고 중독성이 강한 설탕이 어떻게 우리 생활 깊숙이 들어올 수 있었을까? 이처럼 위험한 설탕이 어떻게 우리에게 친숙하고 좋은 이미지를 가질 수 있었을까? 그리고 우리 사회는 왜 설탕을 규제하지 않을까? 국가와 사회는 설탕이 적어도 담배와 같이 해

롭다는 인식을 할 수 있도록 적극적으로 교육하고, 필요하다면 설탕을 규제해야 하는 것이 아닐까?

영화는 설탕을 만들어 판매하는 다국적 거대 기업과 정치인, 의료 산업이 서로 유착되어 있음을 밝힌다. 이로 인해 설탕의 유해성과 위험성에 대한 규제가 이루어지지 않았다는 것이다. 감독은 제당 업체의 막대한 자본이 의료 산업, 공공기관, 연구자 등 사회 곳곳에 영향을 미친다고 주장한다.

실제로 1967년 미국 제당협회의 전신인 제당조사재단SRF은 하버드대학교의 연구자 세 명에게 '설탕과 지방이 심장질환에 미치는 영향'에 대한 연구를 의뢰했다. 제당조사재단은 연구자들에게 '심장질환의 원인은 설탕이 아닌 지방'이라는 연구의 목적, 관련 내용, 인용 논문을 지정해 제시했고, 현재 가치로 약 5만 달러(5500만 원)를 지원했다. 결국 심장 건강은 설탕과 관련성이 적고, 포화지방이 큰 영향을 미친다는 내용의 연구 결과가 발표되었다. 이후 미국의 보건 당국은 저지방 음식 강화를 위한 대책을 마련했다. 이와 비슷한 일은 지금도 계속 일어나고 있다.

제당 업체는 설탕이 천연식품으로 위험하지 않으며, 단지 사람들이 설탕을 지나치게 많이 먹는 것이 문제가 된다고 말한다. 하지만 우리는 하루에 설탕을 얼마나 먹는지, 식품에 설탕이 얼마나 들어 있는지 알기 어려운 세상에 살고 있다.

설탕이 건강에 좋지 않다는 사람들의 인식이 높아짐에 따라, 제당 업체는 종종 설탕 대신 다른 명칭을 사용한다. 서당, 자당, 과당, 슈크

로스는 설탕을 화학성분으로 표시한 다른 이름이다. 유당, 아가베 시럽, 당밀 시럽, 콘 시럽, 라이스 시럽 역시 설탕의 다른 이름이다.

마트 등에서 판매하는 식제품은 포함된 영양성분*을 식품영양표 또는 하루 권장량에 표시해야 한다. 영화는 미국에서 판매되는 식제품은 설탕(당류)을 표시하지 않는 경우도 있으며, 설탕이 탄수화물의 한 종류라는 이유로 탄수화물에 포함시켜 구분 없이 한꺼번에 표시한다고 지적했다. 그리고 유독 설탕만 이런 특혜를 받는 것에 대해 제당업체의 자본과 로비에 대한 의혹을 제기했다. 우리나라의 경우 식품의약품안전처의 '식품 등의 표시기준'을 통해 식품에 당류를 표시하도록 했지만, 여기서 고시한 당류의 성인 1인당 1일 영양성분 기준치는 100g으로, 세계보건기구WTO의 성인 1인당 기준량 25g의 4배에 달한다. 즉, 우리나라 식품에 포함된 당류 31g은 1일 영양성분 기준치의 31%밖에 안 되지만, WTO 기준에 따르면 이미 초과 상태인 것이다.

제당 업체의 말처럼 우리가 설탕을 권장량보다 많이 먹는 것이 문제라면, 그리고 지금과 같이 개인이 각자 먹는 설탕량을 스스로 조절해 문제를 해결해야 한다면, 적어도 우리가 먹는 설탕의 양을 쉽고 정확하게 알 수 있어야 한다. 하지만 마트와 식당에서 사 먹는 식품에 열

---

* 영양성분이란 "식품에 함유된 성분으로서 에너지를 공급하거나 신체의 성장, 발달, 유지에 필요한 것 또는 결핍 시 특별한 생화학적, 생리적 변화가 일어나게 하는 것"을 말한다. 식품의약품안전처, 식품 등의 표시기준.

마나 많은 설탕이 들어 있는지 알 수 없다. 설탕이 넘쳐나는 세상에서 우리가 하루에 먹는 설탕의 양을 알기란 거의 불가능하다. 세계보건기구WHO의 성인 1인당 당 섭취 권고 기준량이 약 25g(각설탕 7~8개)인데, 청량음료 한 캔에 37.5g, 멜론맛 막대 아이스크림 한 개에 16g의 설탕이 들어있다는 것을 생각하면, 우리가 하루에 먹는 설탕량은 권고량을 쉽게 넘는다는 것이 확실하다. 아니 어쩌면 그 이상일 수도 있다.

그래도 설탕 반대는 불편해

영화는 후반부에 컬코바 감독이 세계 곳곳에서 설탕 반대 캠페인을 벌이는 모습을 집중해 보여준다. 감독은 공항에서 설탕 반대 피켓을 들고 있다가 공항 보안요원에 의해 강제 퇴장당하기도 하고, 마트에서 설탕이 들어간 식제품에 '설탕은 죽일 수 있다SUGAR CAN KILL'라는 스티커를 몰래 붙이기도 했다. 또 사람들이 많이 지나다니는 길에서 가족과 함께 설탕 반대 캠페인을 벌이며 지나가는 사람들의 차갑고 따가운 눈초리를 받기도 했다. 지금은 홈페이지(http://sugarbluesfilm.com)를 통해 설탕 반대 운동을 이어가고 있다.

나는 영화를 보며 설탕의 문제점과 위험성에 대해 새삼스러우면서도 새롭게 알게 되면서 감독의 문제의식에 깊이 공감할 수 있었다. 그러면서도 감독이 설탕을 비판하고 반대하는 행동이 어색하고 불편하게 느껴진 것은 사실이다. 우리에게 너무 친근하고 어린아이들도 매일 먹는 설탕을 마약이나 독극물과 같다는 주장에 사람들이 던지는 차갑고 따가운 시선도 이해가 갔다.

설탕 반대 캠페인을 하는 컬코바 감독.

만약 감독이 설탕이 아니라 미국 총기 구입의 문제점에 대해 반대했다면 더 많은 사람이 고개를 끄덕이며 지지와 격려를 보냈을지도 모른다. 그 대상이 설탕이기 때문에 감독의 신랄한 비판도, 반대의 목소리도 유별나게 느껴지는 것일지도 모른다. 그만큼 설탕은 우리의 일상에 아무런 의심도 받지 않으며 완벽하게 스며들었다. 그리고 우리 사회는 어떤 이유에서인지 희고 달콤한 설탕의 뒷면에 무엇이 있는지, 설탕의 그림자가 얼마나 길고 짙은지에 대해 공론화하는 것을 불편하게 여긴다.

한 사람의 충분히 근거 있는 주장이 대다수 사람에게 불편함을 안겨 준다면 이것은 개인의 문제일까, 사회의 문제일까? 설탕 문제에 공감해 설탕을 거부하고 싶어도 당장 하루하루가 너무 불편하고 피곤해 시도하기조차 어렵다면 이것은 개인의 문제일까, 사회의 문제일까?(현재 상황에서 설탕을 거부할 수 있는 거의 유일한 방법은 감독이 한 것과 같이 모든 음식을 직접 만들어 먹는 것이다.) 설탕을 개인의 선택 문제로 만드는 것은 누구일까? 우리는 계속 이렇게 설탕을 먹어도 되는 것일까?

무엇을 먹을 것인가, 내 몸은 알고 있을까?

리틀 포레스트

김찬국

도호쿠 지방의 작은 마을

스무 살 이치코는 일본의 산골 마을 코모리에서 혼자 살고 있다. 고등학교 때까지는 엄마와 함께 살았는데, 지금은 혼자다. 한때 도시에 나가 지내다 다시 돌아온 이치코는 농사를 지으며 씩씩하게 지내는 것처럼 보인다.

간단하게 말하면 이 영화는 계절마다 다른 음식을 만들어 먹는 이야기일 수 있다. 마치 일본의 어느 산골에서 계절마다 나는 다양한 먹거리를 보여주는 '먹방' 같기도 하다. 그래서 우리나라에서 개봉될 때, 일본판 '삼시세끼'라고 소개하기도 했다. 영화 속에는 계절별로 이치코가 음식을 해 먹는 과정이 자세히 나온다. 여름철엔 식혜와 보리수잼, 토마토 스파게티를 해 먹고, 가을엔 밤을 주워 요리하고 으름을 따먹는다. 이치코의 일상은 농사지으며 음식을 만들어 먹는 것으로 채워진다. 어쩌다가 동네 친구나 이웃과 나눠 먹기도 한다. 무언가 먹

봄에 수확한 햇감자와 개울가에서 뜯은 푸성귀로 만든
감자 샐러드.

산골 마을에서 나는 재료로 만든
소박한 재료로 만든 밥상.

고 싶게 만드는 영화임이 틀림없다.

이가라시 다이스케가 그린 동명의 만화를 바탕으로 (순서대로) 여름, 가을, 겨울, 봄 편으로 구성한 이 영화는 두 편씩 묶어 개봉되었다(1편: 여름과 가을, 2편: 겨울과 봄). 매 편은 이치코가 자전거를 타고 장 보러 오가는 모습으로 시작한다.

> 코모리는 도호쿠 지방의 작은 마을입니다. 상점 같은 건 없어서 시장을 보려면 면사무소가 있는 곳까지 갑니다. 가는 길은 대부분 내리막이라 자전거로 30분, 오는 길은 얼마나 걸릴까요? 하지만 대부분 사람은 다른 지역의 큰 슈퍼로 가는 듯합니다. 제가 거기에 가려면 거의 하루가 걸립니다.

'엄마'와 '자신'을 찾아가기

이 영화는 계절의 흐름(여름, 가을, 겨울, 봄)을 따라 전개되지만, 계절별로 맛있는 음식만 나열하는 것을 넘어서는 서사가 있다. 어느 날 이치코의 엄마가 갑자기 사라졌다. 이치코는 자신이 고등학교에 다닐 때까지 다정하게 함께 살았던 엄마가 왜 갑자기 떠났는지, 어렴풋이 짐작만 할 뿐 확실한 이유는 모른다. 스무 살이 되면 엄마로부터 감자빵 레시피를 받고 싶었던 딸을 이 작은 숲 마을에 혼자 남겨둔 이유에 대해 영화는 분명하게 말하지 않는다.

'리틀 포레스트'라는 제목은 코모리小森(작은 숲)라는 마을 이름에서 왔을 것이다. 이치코는 지금 이곳에 돌아와 살고 있지만 영 마음을 잡지 못한다. 엄마가 떠난 후 잠시 도시로 나가 살았던 때처럼 언젠가 다시 이곳을 떠날지 모른다는 생각을 한다. 이 영화가 음식을 만들어 먹는 영화에서 그치지 않고, 각 계절 편이 하나의 서사를 중심으로 연결되도록 하는 힘은 주인공 이치코가 겪는 갈등과 성장의 과정이다. 음식과 함께 '엄마'와 '자신'을 찾아가는 삶의 과정을 잘 버무려놓아 영화는 더욱 맛깔스럽다.

엄마의 음식, 단순하면서도 긴 과정

이치코는 혼자 씩씩하게 사는 것처럼 보이지만 말 없이 떠나버린 엄마를 그리워하고 있다. 이치코가 하는 조리 방식은 새로운 것이 아니다. 그녀의 모든 요리는 엄마가 해주던 맛을 떠올리며 하나하나 따라 하는 것이다. 엄마가 해주던 음식은 모두 시간과 정성을 들여야 하는 것이었다. 이치코는 엄마의 푸성귀 볶음 방법을 잘 알고 있다고 생각했다. 제철에 밭에서 난 푸성귀를 뽑아 씻고 썰고 간하여 볶으면 되는 것이니까. 그래서 푸성귀 볶음 대신 "정성 들인 요리를 좀 먹어보자."라고 투정하기도 했다. 그런데 엄마가 떠난 집에서 자신이 요리할 때는 영 그 맛이 나지 않는다. 여러 가지 방법을 시도해보지만 뭔가 다르다. 나중에 알고 보니 엄마는 푸성귀 껍질을 하나씩 벗겨서 요리한 것이었다(가을 편). 고구마 줄기 볶음도 그렇다. 고구마를 심으

모든 요리는 엄마가 해주던 맛을 떠올리며 하나하나 따라 한다.

면 고구마 줄기야 지천으로 널려 있기 마련이다. 문제는 껍질을 벗기는 일이다. 줄기를 똑똑 끊어가며 껍질을 벗기는 일은 매우 손이 많이 간다.

이치코가 먹는 음식을 들여다보자. 그 계절에 코모리에서 구할 수 있는 재료로 음식을 만드는 건 분명하지만, 잘 살펴보면 분주한 일상을 살아가는 이들로서는 엄두를 내기 어려운 것들이 있다. 여름에 만든 보리수잼이 그렇다(영화에서는 산수유로 잘못 번역되어 있지만, 보리수가 맞다). 잘 익은 보리수를 한가득 따서 만들어도 마지막에 완성되는 건 작은 병의 잼이다. 그걸 내내 아껴먹어야 한다.

논의 풀을 뽑고 돌아왔을 때 마실 한 모금의 식혜를 만들기 위해서는 누룩을 넣어 하루를 발효한 후, 시간을 기다려 다시 걸러야 한다(여름 편). 겨울을 위해 감과 무를 말리는 과정이나 봄의 나물도 마찬가지다. 땅을 파서 얻은 쇠뜨기를 손으로 하나하나 다듬어 얻은 나물은 겨우 한 그릇이니까 말이다(봄 편).

하지만 우리는 몇 시간 또는 며칠을 들여 무언가를 만들어 먹을 여유가 없다. 이치코도 고등학교 때까지는 자신에게 음식을 해주던 엄마가 어떤 존재인지 깨닫지 못했다. 어느 날 엄마가 갑자기 떠나고 나서, 그리고 도시 생활에서 돌아와 음식을 만들며 '엄마'와 '자신'을 찾아 나선다.

만화가 허영만은 만화《식객》(27편)에서 "음식은 어머니다."라고 소개한다. 이치코의 음식도 엄마가 들려준 이야기와 기억을 되짚어가며 만들어진다. 그렇다면 우리가 찾아야 할 '어머니의 음식'은 무엇일까? 정성이 담긴 몸에 좋은 음식, 유기농 재료로 만든 친환경 음식, 아토피를 걱정하지 않아도 되는 음식 등을 떠올릴지 모른다.

물론 이 모두가 필요하다. 이 영화는 거기에 더해 재료를 얻고 손질해 먹기까지 자신과 긴밀하게 연결되는 것들을 떠오르게 한다. 우리 지역에서 제철에 난 재료로 만든 음식 말이다. 이 음식의 재료가 언제 어디에서 나는지, 하나의 음식이 나오기까지 얼마나 많은 품이 드는지 알게 되는 과정을 우리는 잃어버렸다. 식재료들은 최종 상품의 형태로 대형 마트에서 우리를 기다리고 있다.

이 영화 제목인 '리틀 포레스트Little Forest'는 그저 숲이 있는 산골을 의미하는 것이 아니다. 이치코가 두 번이나 떠났다가 결국 다시 돌아온 바로 그곳, 코모리(작은 숲) 마을을 의미한다. 더 넓게는 자신이 살아가는 장소 또는 자신과 관계 맺고 살아가는 무언가를 뜻할 수도 있다. 결국은 언젠가 다시 돌아가야 할 그곳 말이다.

이 땅의 '작은 숲 마을'을 찾아서

엄마가 없는 코모리 마을을 떠났던 이치코는 도시에서의 삶에 염증을 느껴 다시 돌아온다. 하지만 아직 진정으로 돌아온 것은 아니다. 이 마을에서 어떤 삶을 만들어갈 것인지에 대한 자신만의 답을 찾지 못한다면, 적어도 그곳에 진정으로 마음 붙이고 살아가는 게 아니라고 생각한 듯하다.

그래서인지 이치코는 작은 숲 마을을 또다시 떠난다. 떠나기로 마음먹은 그 봄에는 긴 겨울 동안 먹을거리를 준비하지 않았다. 감자를 심지 않은 것이다. 이곳이 싫지 않으면서도 내가 왜 여기서 살아야 하는지 고민하던 그녀는 삶의 의미를 찾아 다시 나서야 했다.

그리고 영화는 다시 5년 후의 봄. 그녀는 작은 숲 마을로 완전히 돌아온다. 훌쩍 성숙해진, 부쩍 다부진 모습으로 말이다. '엄마'는 찾지 못했어도 '자신'은 찾았으리라.

이치코가 자신이 살아갈 곳이 어딘지 고민했듯이 우리도 제대로 먹고 산다는 것이 무엇인지 찾아 나서야 한다. 몸에 좋다는 걸 먹고 조금 비싸더라도 친환경 인증을 받은 걸 먹으면 되지 않나 싶을 테지

이치코는 시골에 돌아와 음식을 만들면서
'엄마'와 '자신'을 찾아 나선다.

만 현실은 녹록치 않다.

이치코가 사는 마을에서는 유기농법의 하나로 제초제 대신 오리를 풀어 논의 잡초를 제거한다. 오리가 여름의 논을 헤집고 다니며 잡초를 뜯어 먹은 후, 언젠가는 우리의 먹을거리가 된다. 최근 문제가 된 살충제 검출 계란과 다른 점이 있다면, 이 오리가 어떻게 태어나서 무엇을 먹고 자랐는지 이치코가 잘 알고 있다는 점이다.

우리는 어떤가? 오늘은 햄버거의 용혈성요독증후군, 내일은 계란의 살충제, 그리고 다음 날은 새로운 먹을거리 문제에 잔뜩 긴장하며 살아가고 있다. 영화 〈슈퍼 사이즈 미〉를 보면서 패스트푸드의 문제점을 생각하고, 영화 〈옥자〉를 보면서 동물의 공장식 축산에 대해 고민하게 된다.

이제는 먹을거리에 대한 고민을 관통하는 원칙을 찾아야 한다. 모든 먹을거리는 나와 길고 짧은 연결망으로 이어져 있다. 가능하면 나에게 오기까지의 과정이 짧고 관계가 긴밀해야 한다. 모두가 이치코처럼 직접 농사지어서 먹을 수는 없지만, 적어도 어떤 방식으로 생산된 것을 먹을지 스스로 생각해보아야 한다. 그 시작은 오늘 내가 먹는 이 먹을거리가 어떤 과정을 통해 오는지 들여다보는 데 있다. 햄버거(소고기)를 만들기 위해 열대우림이 파괴되고, 초콜릿이나 과자 등을 만드는 데 사용되는 팜유를 얻기 위해 오랑우탄의 서식처가 훼손된다는 점을 인식해야 한다. 이치코의 음식이 자신과 엄마를, 친구와 이웃을 연결하는 끈이었듯이 우리가 먹는 모든 것은 내가 먹기까지 이어진 수많은 연결의 끈을 갖고 있기 때문이다.

계란은 살아 있는 닭이 낳는다는 사실을 잊은 채 그저 판매되는 상품으로만 여긴다면, '살충제가 포함된 계란'이 다음에는 또 다른 모습으로 등장할 수 있다. A4용지 한 장 크기보다 좁은 곳에서 지내며 알을 낳게 하는 닭 밀집 사육 방식은 나와 내 가족의 건강을 위해서라도 바뀌어야 한다. 흙을 밟고 지내면서 제 몸에 흙을 끼얹어 진드기를 없앨 수 있는 닭에는 살충제를 뿌릴 필요가 없기 때문이다. 시골에서 닭을 키우는 부모나 친척이 없어도 나를 대신해 닭을 키우고 계란을 제공하는 생산자와 보다 긴밀하게 연결되는 협동조합의 원리를 온전히 되살릴 필요가 있다. 적어도 내가 먹는 것이 어떤 과정을 통해 오는지 알 수 있을 뿐만 아니라 좋은 먹을거리를 생산한 이에게 충분히 감사

할 여지가 생긴다.

모두가 상점이 없는 작은 숲 마을 코모리에 살 수는 없지만, 먹을 거리가 어디서 어떤 과정을 통해 왔는지 알아야 한다. 그리고 연결망의 거리가 짧을수록 더할 나위 없이 좋다는 사실 또한 염두에 두어야 할 것이다.

우리가 줄여야 할 것은 무엇인가? 다운사이징

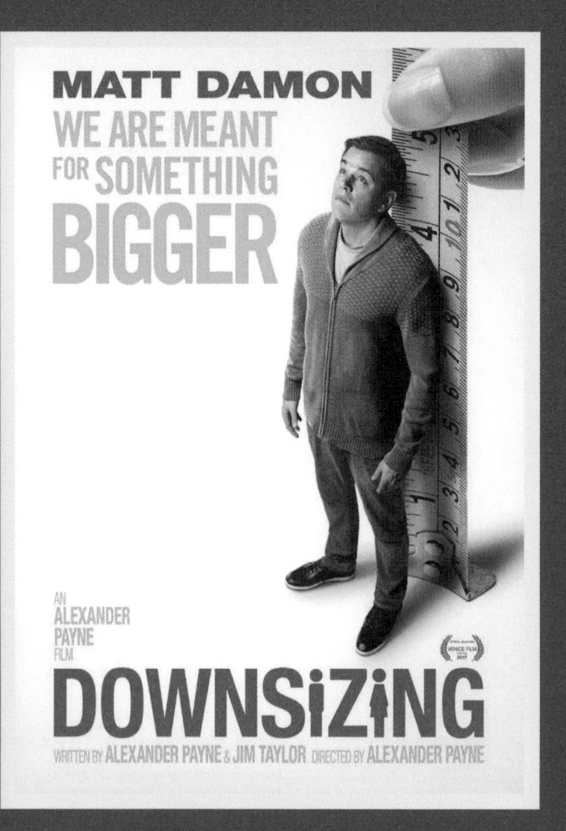

조성화

살 빼는 데 쓰는 돈이면
모든 기초생활 수급자를 지원할 수 있다?

7조6000억 원.

2017년 한국의 다이어트 시장 규모다. 같은 해 기초생활보장 연간 예산이 약 10조 원이었던 것에 비춰 보면, 다이어트 시장 규모가 얼마나 큰지 상상할 수 있다. 한쪽에서는 영양 과잉을 해결하기 위해 돈을 쓰고, 또 다른 한쪽에서는 부족을 해결하기 위해 그만큼의 돈을 쓰고 있는 것이다.

사실 우리나라에서는 부족보다 과잉이 문제가 된 지 이미 오래다. 우리는 뚱뚱해지지 않기 위해 꼼꼼하게 음식의 칼로리를 따진다. 옷장에는 1년 내내 한 번도 입지 않는 옷이 가득하고, 가족 구성원은 줄어들지만 집의 크기는 계속 커지고 있다. 자동차 등록 대수가 2000만 대를 넘어서, 성인 두 명당 한 대꼴로 자동차를 갖게 되었다. 정보의 과잉으로 어떤 정보가 사실이고, 유용한지를 확인하는 일은 더 어려워지고 있다. 이제 우리는 부족의 시대에서 과잉의 시대로, 그리고 이런 과잉이 문제를 일으키는 시대로 진입했다고 해도 과언이 아니다.

인류는 과잉의 시대에 살고 있다. 인류가 대규모로 소비하는 에너지와 식량, 자원은 이미 지구가 감당할 수 있는 범위를 넘어섰다. 에너지 소비 과잉은 기후변화 문제로, 식량과 자원 사용의 과잉은 기아 문제와 자원 고갈 문제로 이어지고 있고, 이러한 문제들은 인류의 삶을 극단적으로 위협하고 있다.

우리는 지구에 무엇을 남길 것인가?

우리의 삶이 지구에 얼마만큼의 영향을 주는지 나타내는 지표 중 하나가 '생태발자국'이다. 이 지표를 보면 이미 우리 인류는 지구가 1.5개 정도 있어야 감당할 수 있을 만큼의 에너지와 자원을 사용하고 있다. 우리의 발자국은 이보다 훨씬 더 크다. 한국의 생태발자국은 지구가 4.4개 있어야 감당할 수 있는 정도의 크기다. 그런데도 우리는 이 발자국을 더 키우려고 고군분투하는 삶을 살고 있다. 이미 지구는 온통 인류의 발자국으로 뒤덮여버렸는데도 말이다.

인류는 지구가 제공할 수 있는 것보다 훨씬 더 많은 것들을 소모하게 되리라는 것은 오래전부터 전문가들에 의해 제기된 문제다. 이제는 하나의 바이블처럼 회자되는 로마클럽의 《성장의 한계》(1972) 보고서에서 미래 인구가 급속하게 증가함에 따라 식량과 에너지, 자원 부족 문제가 매우 심각해질 것이라고 경고했다.

로마클럽의 보고서가 발간된 지 50년 가까운 시간이 지나가고 있지만, 우리 인류는 아직도 이 문제를 해결하지 못하고 있다. 아니 해결하지 못한 것뿐 아니라 문제가 점점 더 심각해지고 있다. 이런 상황이라면 인류는 보고서의 예측처럼 2050년 이후 급속하게 쇠락의 길로 접어들 것이다.

지구를 늘릴 수 없다면 인간의 크기를 줄여볼까?

인구 증가로 지구의 자원이나 에너지가 고갈되는 것이 문제라면, 인간이 극단적으로 작아짐으로써 이런 문제들을 해결할 수 있지 않을까? 만약 지구는 그대로인데 인간이 10분의 1 크기로 줄어든다면, 상대적으로 다른 것들이 열 배로 커지기 때문에 지구 열 개가 있는 것과 마찬가지 상황이 될 것이다. 인간이 사용할 수 있는 에너지와 자원이 지금보다 열 배로 늘어날 것이고, 인간이 지구에 미치는 영향도 10분의 1로 줄어들 것이다(아주 엄밀하게 과학적으로 계산하면 비율은 다소 달라질 수 있다).

〈다운사이징〉은 이런 엉뚱하고 재밌는 상상을 주제로 한 영화다. 영화 속에서 한 연구팀이 지구상의 인류 과잉 문제를 해결하기 위해

영화 〈다운사이징〉은 '만약 인간이 작아진다면?' 이라는
질문에서 시작한다.

인간의 신체를 10㎝정도로 줄일 수 있는 기술 개발에 성공한다. 그리고 이 기술을 적용해 가능한 많은 인류를 줄이려고 노력한다. 개인 입장에서도 다운사이징을 할 경우 자신이 가진 재산의 가치가 커지기 때문에 경제적 이득을 얻으려고 참여하는 사람이 점차 늘어난다. 이렇게 얼마간의 시간이 지나자 다운사이징을 한 작은 인류와 기존 인류가 공존하는 다소 어색한 상태가 된다.

줄여야 할 것은 우리의 몸일까?

그렇다면 다운사이징을 통해 상당수의 인류가 작아진 상황에서 지구의 문제는 해결되었을까? 또 개인은 경제적 상황이 훨씬 좋아졌으니 더 행복해졌을까? 결론부터 말하자면 그렇지 않다. 영화가 진행될수록 단순하게 인간의 몸을 줄이는 것만으로는 개인적 문제나 지구적인 문제 등 어떤 것도 해결되지 않는다는 것이 여실히 드러난다.

단적으로 주인공 부부의 경우, 경제적인 여건을 해결하기 위해 다운사이징을 결심했지만 주인공은 다운사이징 시술을 받고, 부인은 시술을 포기한다. 다운사이징을 하면 원래 사이즈의 다른 가족이나 친구와의 소통이 어려워지고, 다운사이징한 사람들만 모여 사는 지역에서 살아야 한다. 재산이 늘어난다고 해서 삶이 행복해지는 것은 아니라는 생각에 부인은 마지막 단계에서 시술받는 것을 포기한 것이다. 결국 주인공은 다운사이징된 세상에서 홀로 외롭게 살아가게

아내는 마지막 순간 "가족이랑 친구를 두고 못 가겠다"며
다운사이징을 포기한다.

된다.

왜 애초 연구자들이 기대했던 효과가 나타나지 않았을까? 그 이유는 인류가 살아가는 방식이나 가치관이 변하지 않으면 주변 환경이 아무리 바뀌더라도 결국 똑같은 결론에 도달할 수밖에 없기 때문이다. 다운사이징을 해서 모두 부유한 상태가 되면 행복해질 것 같았지만, 어느 정도 시간이 지나면서 다시 빈부격차가 생기고 범죄가 발생하며 환경이 오염된다. 결국 지구가 열 개, 백 개 생기더라도 현재 우리가 살아가는 방식을 바꾸지 않으면 더 많아진 자원과 에너지를 모두 소모하는 것은 한순간일 뿐이다.

결국 줄여야 하는 것은 우리의 몸이 아니라, 생각과 삶의 방식일 것이다. 그리고 우리의 생각과 삶의 방식을 바꾸는 것이 지금 인류가 직면한 여러 가지 문제를 해결하는 유일한 방법일 것이다.

지구를 네 개 넘게 사용하면서도 행복하지 못했다면, 지구를 열 개 사용할 수 있게 된다 하더라도 여전히 행복하지 못할 가능성이 더 크다. 그리고 현실적으로 지구는 단 한 개뿐이다. 그렇다면 지구를 한 개 사용하면서도 행복하게 살 수 있는 삶의 관점이나 방법을 찾아보는 것이 훨씬 더 합리적일 것이다. 멋진 몸을 갖기 위해 열심히 다이어트를 하는 만큼 삶의 방식을 다이어트해서 자신과 사회, 지구를 더 행복하게 만들어보는 것은 어떨까?

우리는 내일도 살아야 한다

3

'터널' 속에 지구 있다

김희경

우리는 '터널'에서 무엇을 보았을까?

영화 〈터널〉은 2016년 개봉영화 중 흥행 순위 5위에 오를 만큼 흥행에 성공한 영화다. 줄거리는 단순하다. 자동차 영업 일을 하는 정수는 승용차를 타고 집으로 가던 중 터널이 무너져 그 안에 갇히고 만다. 구조대와 통화한 후, 곧 터널을 나갈 것이라는 정수의 기대와 달리, 막힌 터널을 뚫는 작업은 지지부진하다. 정수의 무사 귀환은 전 국민의 관심사였지만, 시간이 지나면서 다양한 이해를 가진 사람들 사이에서 갈등이 벌어진다.

전체 내용은 단순했지만 그 안에는 꽤 많은 이야기가 녹아 있었고, 한국 사회를 살아가는 우리가 생각해볼 만한 요소도 적지 않았다. 영화를 보고 누군가는 부실공사의 문제점을 떠올렸다고 하고, 누군가는 2014년 세월호 사건을 상기했다고 한다. 또 누군가는 우리 사회가 생명을 다루는 태도를, 또 누군가는 정치인과 언론인의 민낯을 보면서 불편했다고도 한다. 그렇게 〈터널〉은 710만 명의 관객들에게 다양한 생각 거리를 던진 영화였다.

터널은 지구다

영화에 나오는 터널은 우리가 사는 지구와 흡사하다. 터널에 갇힌 주인공 정수는 한정된 공간 속에서 한정된 자원을 갖고 있다. 사용할 수 있는 에너지는 라디오를 들을 수 있는 자동차 배터리와 외부와 연결할 수 있는 78% 남은 휴대전화 배터리, 500*ml* 생수 두 병과 케이크가 전부다.

게다가 이 한정된 자원은 정수 혼자만의 것이 아니다. 심각한 상처를 입은 여자와 개도 있다. 그것은 한정된 양의 물, 화석에너지, 광물 등의 자원을 남겨두고 73억 명의 인구가 경쟁하고 있는 지구를 떠올리게 한다.

터널 속 정수처럼 한정된 자원으로 살아가는 우리는 앞으로 어떻게 해야 할까? 터널이 무너지는 상황을 예측할 수 없었던 정수는 당연히 아무런 준비 없이 터널 안에 갇힌다. 터널에 갇혀서도 앞으로의 상황을 예측할 수 없었던 그는 처음에 아무 생각 없이 물을 들이켠다. 구조대를 통해 상황을 파악한 후 그가 해야 하는 일은 물병에 눈금을 긋고, 휴대전화 전원을 끄며, 케이크를 남겨두는 것이었다.

외부로부터 자원이 들어오지 않는 한, 닫힌 계system에 갇힌 생물

터널 속 상황은 지구를 떠올리게 한다.

이 할 수 있는 일은 그것밖에 없다. 정수는 터널에 갇히는 상황을 상상하지 못했기 때문에 아무 준비도 하지 못했다. 알았다면 최대한 오래 버틸 수 있는 방안들을 마련했을 것이다.

지구의 자원은 유한하다. 연구에 따르면 일부 자원은 한계에 이르렀다. 상당수의 사람은 자원의 한계를 인식하고 있다고 말한다. 그러나 지금 우리의 생활양식은 도저히 자원의 한계를 인식하는 사람들의 것이 아니다. 그것은 마치 구조원의 설명을 듣고도 정수가 물을 시원하게 마셔버리고, 휴대폰으로 긴 통화를 즐기는 것과 같다.

물론 정수는 그러지 않았다. 영화 속 정수는 상식적인 사람이기 때

터널에 갇힌 정수는 처음에 물을 맘껏 들이키지만,
상황이 악화된 걸 안 뒤에는 눈금을 그어가며 아껴서 물을 마시게 된다.

문이다. 그렇다면 우리는 상식적인 사람들인가? 우리는 지구의 자원이 한계에 이르렀다는 사실을 인지하고 있는가?

영화 속에서 정수는 어떻게든 생존하고자 하는 의지로 배고픔과 갈증을 참아낸다. 그러나 정수에게 닥친 또 하나의 시련은 얼마 남지 않은 그 자원마저도 혼자 다 소비할 수 없다는 것이다. 이전에 한 번도 본 적 없는, 고통을 호소하는 여자에게 물을 건네야 했고, 살아남은 개에게는 아껴두었던 케이크를 빼앗긴다. 분노의 고함을 질러봤자 듣는 사람은 아무도 없다.

지구의 물 중 음용수는 2.5%뿐이고, 석유는 40~50년 정도 쓸 만큼 남아 있으며, 천연가스도 그리 오래지 않아 사라질 것이라고 한다. 현재 지구에 사는 사람의 수만 해도 73억 명이다.

현재의 자원을 73억 명의 사람들이 골고루 나눠 사용하는 것도 아니다. 누군가는 지나치게 많이 쓰고, 누군가는 그 자원이 없어 죽어간다. 지나치게 많이 쓰는 누군가는 죽어가는 누군가를 돌아보지 않는다. 그것은 정수가 남은 물병을 움켜쥔 채 움직이지 못하는 여자를 내버려두는 것과 같다.

물론 정수는 그러지 않았다. 정수는 타인의 고통을 공감하고 자신의 희생을 기꺼이 감내하는 인간이기 때문이다. 우리는 과연 그런 인간인가?

한정된 공간과 한정된 자원의 지구 상황은 종종 드넓은 우주를 떠다니는 우주선에 비유되곤 한다. 몇몇 승무원들이 타고 있는 우주선에는 공기, 물, 식량이 한정되어 있고, 외부로부터 어떤 보급도 이루어질 가능성이 없다. 우주선 안의 승무원들은 어떻게 해야 할까? '우주선 윤리'라고 불리는 이 이야기에서는 모든 승무원이 동일하게 최대한 욕망을 억제하고 버티는 것이 합당하다고 말한다.

그래도 우리의 터널은 희망이 있다

터널 안의 우리는 정수처럼 상식적이고 윤리적으로 살 것을 요구받는다. 그것이 다 같이 천천히 소멸하자는 것을 의미하는 건 아니다.

우리의 터널은 정수의 것보다 훨씬 좋은 조건을 갖고 있다. 여기에는 햇빛이 들어오고 바람이 불며 비가 내린다. 우리가 의지할 수 있는 것은 그것이다. 지금까지 화석연료를 믿고 화려한 파티에 취해서 살았지만, 이제는 구조원의 경고를 현실로 받아들여야 한다.

햇빛과 바람과 물을 통해서 생존할 수 있는 방법을 모색해야 한다. 나뿐만 아니라 이웃과 미래세대가 오랫동안 생존할 수 있는 길을 찾아야 한다. 그 길을 선택해야만 '오래오래 행복하게 살았답니다'라는 해피엔딩이 가능하다.

화성에서도 똥은 오래된 미래

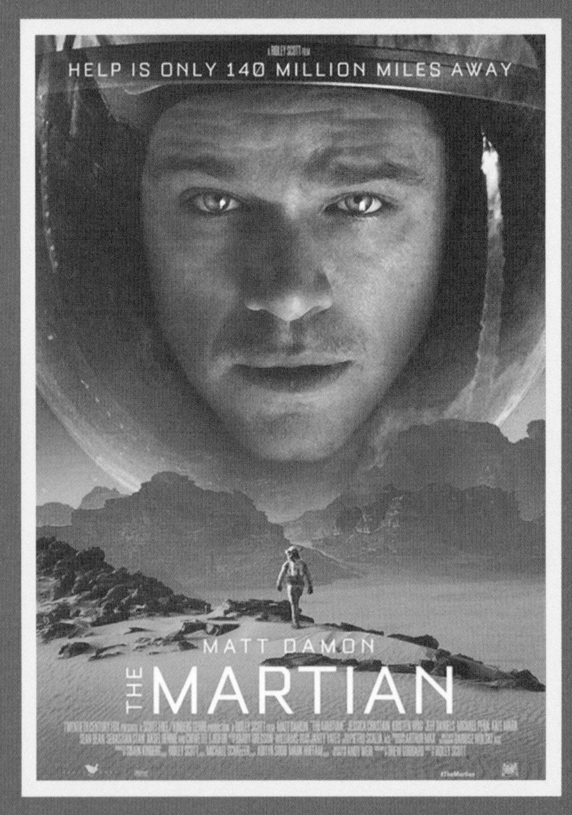

김찬국

극한의 생존 미션 일곱 가지

영화 〈마션〉의 주인공 마크 와트니는 식물학과 기계공학을 전공한 우주인이다. 이 영화의 원작소설《마션: 어느 괴짜 과학자의 화성판 어드벤처 생존기》에 따르면 마크는 "매우 낙천적이고, 임기응변에 강하며, 문제 해결력이 뛰어나다". 그는 아레스3 탐사대의 일원으로 동료 우주인들과 함께 화성에 도착하지만, 엿새 만에 모래 폭풍을 만나 홀로 화성에 남게 된다. 동료들과 미국 항공우주국NASA은 나중에야 그의 생존 사실을 알게 된다. 화성에 혼자 남은 마크 와트니의 생존 노력은 우리가 살아가는 데 꼭 필요한 것이 무엇인지를 다시 생각하게 한다.

만약 우리가 화성에 홀로 남는다면 생존을 위해 필요한 것은 무엇일까? 원작소설에서 저자가 제시한 일곱 가지 요소는 공기, 산소, 방사선 차단, 물, 식량, 에너지원, 그리고 반드시 살아야 할 이유였다. 이

화성에서 지구로 무사히 귀환하려면 어떻게 생존해야 할까?
이 영화는 커다란 우주선과 같은 지구에서 생존하려면
무엇을 해야 하는지를 암시하기도 한다.

중 마지막 '반드시 살아야 할 이유'는 어려움 속에서도 유머를 잃지 않고 난관을 극복해 지구로 돌아온 주인공의 모습으로 영화에서 잘 드러났다.

이제 화성에서 살아가기 위해 해결해야 할 네 번째와 다섯 번째 미션을 살펴보자.

- 미션4: 물 없이는 생존도 불가능하다. 식수문제를 해결하라.
- 미션5: 삶을 연명할 열량이 필요하다. 화성 땅에서 작물을 재배하라.

물은 화성뿐 아니라 어느 곳에서라도 살아남기 위해 필수적인 것이지만 마침 그곳에는 지구 최고의 기술로 만든 물 환원기가 있었다. 게다가 마크는 수소와 산소가 있으면 물을 만들 수 있다는 것을 아는 (실제로는 그리 간단하지 않지만) 잘 훈련된 우주인이었다. 가장 흥미로웠던 점은 화성에서 식물을 재배하는 모습이었다.

화성의 식물학자 마크 와트니와 '똥'

식물학자인 마크 와트니는 화성의 토양 그 자체로는 식량을 재배할 수 없다는 점을 잘 알고 있다. 화성 토양에 물을 듬뿍 주더라도 화성에는 박테리아의 활동이 없고, 동물이 제공하는 특정한 영양분을 포함하지 않기 때문에 식물이 자라지 않는다. 그래서 마크는 자신과 동료 우주인의 똥, 그리고 지구에서 가져간 약간의 흙에서 필요한 영양

주인공 마크 와트니는 화성 토양에서 자신과 동료 우주인의 '똥'을 거름으로 사용하여 우주기지 안에서 감자를 재배하는 데 성공한다.

분과 박테리아를 공급한다.*

마크는 대학시절에 음식물 등을 모아 자연에서 순환시키려고 애쓰던 친구들을 "멍청한 히피들"이라고 비웃었지만, 이제 거름이 될 만한 물질은 하나도 버리지 않고 모아야 하는 처지가 되었다. 거기에 더해 인분을 진공 건조해 밀봉하는 NASA의 정교한 시스템에서 벗어

* 엄밀히 말하면 이것만으로 화성에서 식량을 재배할 수 있다고 보기는 어렵다. 화성 토양에는 독성을 가진 과산화염소산염perchlorates이 포함되어 있어 식물 성장을 저해하는데, 이를 해결하기 위해서는 화성 토양을 물에 씻어 과염소산염을 제거해야 한다. 하지만 이 과정은 소설이나 영화에 담겨있지 않다. 원작소설과 영화는 과학을 반영하고 나름의 검토를 거친 픽션이지 과학 그 자체는 아니기 때문이다.

나 자신과 동료 우주인들이 내어놓은 똥 봉지를 뒤지게 된다. 활성 박테리아가 포함된 지구의 흙과 함께 식물 성장에 필요한 양분인 똥을 화성 토양에 넣기 위해서다.

어린 시절 밭이 있는 시골에서 재래식 화장실을 경험한 세대에게 똥을 거름으로 쓰는 장면은 그다지 낯설지 않을 것이다. 오랜 기간 동안 인간은 배설물을 거름으로 사용했고, 지금도 그렇게 활용하는 곳이 지구상에 존재한다. 인간의 배설물을 거름으로 사용하는 것이 자연의 순환이라는 측면에서는 매우 당연한 일이지만, 지금 자라나는 세대에게는 전혀 그렇지 않다.

지구의 인류학자 전경수 선생과 '똥'

문화인류학자 전경수 선생의 평생 연구 주제 중 하나는 바로 '똥'이었다. 그가 똥을 본격적으로 논의한 책을 낸 시점만 해도 벌써 20여 년 전이다. 그의 책《똥이 자원이다: 인류학자의 환경론》(1992)은 그동안 국내 인류학에서 좀처럼 다루지 않던 주제를 논의의 장으로 가져왔다. 이후《똥도 자원이라니까》(2002),《물걱정 똥타령》(2009) 등을 통해 똥이 흙과 섞이면 자원이지만, 현재의 수세식 화장실 원리처럼 물과 섞이게 되면 환경에 부정적인 영향을 끼친다는 주장을 끊임없이 해왔다. 수세식 화장실을 사용하기 이전, 우리의 똥이 어떻게 이용되었는지 생각해보면 된다.

그렇다면 현재 우리의 '똥'은 어디로 가는 것일까? 사람의 똥은 귀중한 거름이나 동물의 먹이로 활용되는 자원이었다. 똥을 자원으로 여기며 자연의 순환 시스템 내에서 살아온 것이 한국을 비롯한 대부분의 아시아 문화권 전통이었다.*

사람의 똥을 먹는 똥돼지를 키운 곳은 제주도만이 아니었다. 일찍이 중국 한漢나라 수도의 도시인들도 돼지에게 똥을 먹였다. 약 5000만 명에 이른 한나라 사람들의 똥은 돼지의 먹이가 되었고, 이후 돼지고기는 중국 요리의 대명사가 되었다.

지금도 인도 등지에서는 사람의 똥을 돼지가 먹고, 멕시코에서는 사람이 모래사장에 용변을 보면 털북숭이 멕시코 개들이 곁에서 기다리다가 김이 모락모락 나는 똥을 1분도 안 돼서 맛있게 해결한다고 한다.

똥을 거름으로 사용하는 것은 최근까지도 보편적이었다. 영화 〈마션〉에서와 같이 똥은 적절한 미생물이 포함된 흙과 만나면 분해되어 식물에 필요한 영양분이 된다(다만 영화에 나온 것처럼 똥을 바로 거름으로 쓰지는 못한다. 적당한 기간 거름으로 만드는 시간을 거쳐야 한다). 이는 낙엽이나 짚, 가축 분뇨 등의 유기물이 토양 미생물과 만나 거름이 되는 것과 같은 원리다. 생태계에서 유기물은 흙으로 돌아가 분해된 후, 다시 유기물(식물)의 생장에 이용되는 순환이 이루어진다. 똥은 흙 속에 사는 수많은 미생물의 먹이가 되고, 미생물은 똥을 분해해 식물의 생장에

---

* 에코붓다(www.ecobuddha.org)

필요한 영양분으로 바꾼다.

짚이나 분뇨 등을 그대로 흙에 넣어도 미생물에 의해 분해되어 거름이 될 수 있지만, 일반적으로는 미리 퇴비화 과정을 거친 거름을 사용한다. 똥(생유기물)을 그대로 경작지에 사용하면 작물의 뿌리에 유해한 성분이 들어가기도 하고, 땅속에서 급격히 분해되면서 작물의 생장에 장해를 입힐 수도 있기 때문이다. 이렇게 만들어진 거름은 흙 속에서 식물이 자라는 데 필요한 영양분을 공급하게 된다.*

현재 우리가 사용하는 수세식 화장실처럼 똥이 물과 섞이면 여러 단계에 걸쳐 처리해야 할 분뇨 폐기물이 되지만, 불과 수십 년 전까지만 해도 똥이 흙과 만나면 거름이 되는 가장 자연스러운 방식을 일상에 활용했다. 지금은 우리에게 너무나도 익숙한 양변기는 말 그대로 '서양에서 온 변기'를 의미하는 것으로 애초부터 우리의 방식이 아니었다. 우리는 양변기를 통해 똥을 시야에서 감추는 데는 성공했지만, 이 방식은 자연의 순환 시스템에서 똥이 해온 역할과는 거리가 먼 것이다.

현재 우리 삶에서 똥은 상당한 양의 물과 함께 버려진다. 일반적으로 용변을 보고 내릴 때 사용되는 물의 양은 10~13*l* 정도다. 어떤 때는 한 번 더 물을 내리기도 한다. 수세식 화장실에서 똥과 물이 섞이는 순간, 두 자원은 쓸모없고 처리하기 어려운 폐기물이 된다. 이런

---

* 이동범, 《자연을 꿈꾸는 뒷간》, 들녘, 2000.
후지와라 슌로쿠로 지음, 김준영 옮김, 《땅에 딱 맞는 퇴비제조법》, 들녘, 2014.

방식이 우리나라에 확산된 지는 불과 반세기도 되지 않는다(수세식 화장실은 1930년대 조선총독부 건물 등에 도입되었고, 본격적으로 확산된 것은 1970년대 이후부터다).

똥과 물: 두 자원을 섞어 버리지 않는 방법은 없을까?

최근 우리나라를 비롯한 세계 곳곳에 생태공동체가 생겨나고 있다. 생태공동체를 구성하는 주요 원리 중 하나는 바로 순환성이다. 이른바 '생태뒷간'에서 나온 배설물이 발효와 숙성 과정을 거쳐 퇴비가 되면 다시 생산과정에 포함될 수 있다. "똥이 밥이고 밥이 똥"이 되는 순환의 과정에 들어가는 것이다.

미국 뉴욕 주 이타카의 한 생태공동체를 방문한 적이 있다. 《이타카 에코빌리지》라는 책에서도 소개된 바 있는 이 생태공동체가 시도한 수많은 시도(태양광, 공동 식당, 식물 커튼 등) 중 가장 어려웠고 현재도 일부 가정만이 참여하고 있는 것이 물을 사용하지 않는 화장실이라고 한다. 냄새를 차단하면서 퇴비화하는 장치를 확보했지만, 생태공동체에 사는 미국인에게도 그것은 정서적이고 심미적인 이유에서 받아들이기 쉽지 않은 모양이다(물을 사용하지 않는 소변기는 우리나라의 모 대형마트에만 가도 쉽게 발견할 수 있다. 물론 냄새도 나지 않고 상당히 청결하다). 물을 사용하지 않는 것이 어렵다면 절수형 양변기를 사용할 수도 있다. 또한 똥과 물이라는 자원과 화장실이라는 공간을 넘어 찾아보면, 생

미국 뉴욕주 이타카시의
이타카 에코빌리지 전경.

이타카 에코빌리지의 '물 없는 화장실'의
처리 장치.

태계의 순환성을 우리 삶에 적용하는 방식은 다양하다. 음식과 그것을 담는 포장재, 에너지의 생산과 소비 등 모든 삶의 영역에서 우리는 생태계 내의 순환과정에 관여하게 된다.

《똥이 자원이다》에서 소개한 제주도 송당리의 바이오가스 이용 사례에 나온 가축 분뇨는 2010년 바이오가스 발전소로 구체화되었다. 하지만 사람의 똥을 자원으로 이용하려는 노력은 여전히 우리에게 '오래된 미래'와 같은 것이다.

화성에서 살아남은 식물학자(가상이지만)와 지구의 인류학자가 함께 궁리했던 똥과 물. 무엇보다 중요한 것은 물질 순환의 중요한 고리다. 영화 〈마션〉의 주인공은 물을 얻고 잘 사용하는 방법을 알고 있었다. 그리고 그는 똥이 자원이라는 것 역시 알고 있었다. 우리가 과거에 그러했듯이.

비록 쉽사리 해결책을 찾을 수는 없더라도 화성의 식물학자와 지구의 인류학자 모두가 심각하게 고민했던 주제라면 우리도 함께 머리를 맞대야 하지 않을까? 과연 똥과 물이 만나지 않는 방법은 없을까? 영화 속 화성에서와 마찬가지로 우리가 먹는 '감자'는 누군가의 '똥'으로 만든 기름진 땅에서 더 잘 자랄 것이기 때문이다.

지진 없는 서울에 핵발전소를 짓자!

동경핵발전소

조성화

최적의 입지조건

1. 냉각수로 사용할 수 있는 충분한 물이 있어야 한다.
2. 에너지 소비 지역과 생산 지역의 거리가 가까워야 한다.
3. 지질학적인 안정성이 확보돼야 한다.
4. 만에 하나 발생할지 모르는 사고에 따른 피해가 적어야 한다.

이것은 핵발전소 건설에 필요한 입지조건이다.

이 조건을 기준으로 보면 서울은 핵발전소를 건설하기에 최적의 입지조건을 가진 셈이다. 첫째, 100만㎾급 원전 한 기를 돌리기 위해서는 초당 70톤 정도의 냉각수가 필요한데, 한강에는 초당 평균 600톤 정도의 물이 흐르기 때문에 핵발전소 한두 기 정도를 가동하는 데 아무런 문제가 없다.

한강의 유량이 풍부하다는 것은 이미 지난 이명박 정부 당시 4대

한강은 유량이 줄어 녹조가 발생하더라도 핵발전소를
가동하기에 충분한 물이 흐른다.

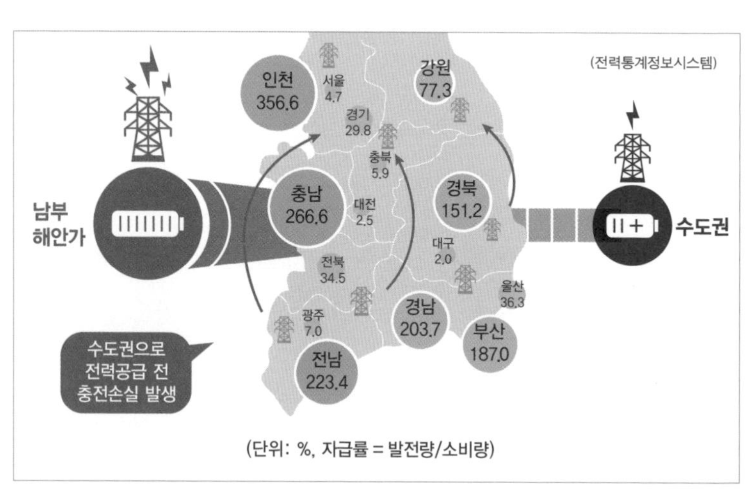

전국 시·도의 전력자급률.

강 사업 타당성 평가에서도 밝혀진 바 있다. 당시 평가를 보면 한강은 상시로 산업용 화물선 및 여객선 운항이 가능할 정도로 유량이 풍부하다. 심지어 4대강 사업 이후 오히려 유량이 줄어 녹조가 자주 발생하는 요즘에도 핵발전소를 가동하기에 부족함 없는 양의 물이 흐른다.

둘째, 만약 서울에 핵발전소를 건설하면 외부로부터 전기를 끌어올 필요가 없기 때문에 송전에 따른 에너지 손실을 획기적으로 줄일 수 있다. 현재 우리나라에서 송전 과정 중 손실되는 에너지 양은 전체 생산량의 30%에 달한다. 이러한 송전 손실을 줄이기 위해 초고전압으로 송전하고 있고, 이로 인해 고압 송전탑 주변 주민과의 갈등이 끊이지 않고 있다.

이런 송전 문제를 해결하는 가장 쉬운 방법은 에너지를 소비하는 곳에서 에너지를 직접 생산하는 것이다. 우리나라에서 가장 많은 에너지를 소비하면서도 에너지 자급률은 5%에도 미치지 못하는(2013년 기준) 서울에 핵발전소를 건설하면 서울의 에너지 자급률이 올라갈 뿐만 아니라 더 효율적으로 핵발전소를 운영할 수 있다.

또한 핵발전소를 건설하는 곳에 국가에서 제공하는 다양한 지원과 편의시설을 추가로 얻을 수 있을 것이다. 따라서 서울은 많은 시민과 전문가들이 우려를 표하고 있음에도 건설이 강행될 것으로 예상하는 핵발전소를 유치하기 위해 더욱 적극적으로 움직일 필요가 있다.

안전한 핵발전소를 서울에!

셋째, 서울은 핵발전소를 운영하기에 지질학적으로 안전하다. 2016년 9월 12일 핵발전소가 밀집한 경북 경주에서 기상청 관측 이래 최대인 규모 5.8의 지진이 발생했다. 이 지진은 양산단층대에서 발생한 것이었다. 그러나 서울에는 이제껏 별다른 지진이 발생하지도 않았고 단층대가 지나지도 않는다. 설사 지진이 발생한다 해도 진도 6.5까지 견디도록 건설되고 있는 핵발전소에는 아무런 영향을 끼치지 못한다(이미 한국수력원자력에서는 약 20쪽에 달하는 홍보자료를 통해 핵발전소가 지진에 얼마나 안전한지를 친절하게 안내하고 있다).

이러한 자료들을 토대로 볼 때, 서울은 지질학적으로 핵발전소를 건설하기에 아무런 문제가 없다는 것을 알 수 있다. 무엇보다 이미 서울에 핵발전소보다도 낮은 내진 기준(규모 5.7~6.3)으로 건설되고 있는 도시철도들이 수도 없이 많다는 것을 생각해보면(심지어1~4호선은 내진 시설이 전혀 되어 있지 않다), 서울이 핵발전소를 건설하기에 지질학적으로 얼마나 안전한 곳인지를 쉽게 확인할 수 있다.

또한 2004년 1월에는 서울대학교 교수 63명이 서울 관악산에 방사성 폐기물 처리장을 만들자는 성명을 발표한 적이 있을 정도로 서울의 지질학적 안전성은 이미 전문가들의 검증을 충분하게 거쳤다.

핵발전소가 얼마나 안전한 시설인지 다시 강조하는 것은 새삼스러운 일이다. 앞선 지질학적인 안전성을 포함해서, 핵발전소가 그 이외의 사고에 대해서도 충분히 안전하다는 것은 정부와 최고의 전문가들이

항상 강조하는 부분이다.

한국수력원자력 누리집 홍보센터에 접속해보면 "알수록 안전하고 깨끗한 에너지 원자력, 지진에도 안전한 핵발전소, 원자력 30년사 꿈꾸는 에너지 아름다운 미래" 등과 같은 자료들을 확인할 수 있다.

공공의 복리를 위해 존재하는 공기업이며, 수많은 전문가가 일하고 있는 한국수력원자력에서 홍보하고 있는 내용인 만큼 그 내용은 신뢰할 수 있는 것들이라 믿어 의심치 않는다. 홍보자료들이 핵발전의 긍정적인 면에 치우쳐 있고, 방사성 폐기물 처리 문제나 폐원자로 처리 문제 등을 충실하게 다루지 못한 것은 다소 아쉬운 부분이지만 어떤 자료든 한계를 지닐 수밖에 없다는 차원에서 보면 이해할 수 있다.

정부에서 제시하고 있는 이러한 자료를 꼼꼼하게 읽어보면 체르노빌 핵발전소 사건이나 후쿠시마 핵발전소 사건은 우리나라에서는 발생할 가능성이 전혀 없는, 말 그대로 남의 나라 일일 뿐이다. 다소 편파적인 자료를 읽는 데 거부감이 없는 사람이라면 이러한 자료들을 읽어볼 것을 권한다.

단단한 암반 위에 선설하기 때문에 핵발전소는 안전하다고 한다.

자승자박의 논리

지금까지의 주장을 읽으면서 여러분은 어떤 생각을 했는가? 서울에 핵발전소라니 다소 엉뚱하다고 생각하거나 불편한 마음이 들기도 했을 것이다.

영화 〈동경핵발전소〉는 도쿄도지사 텐마가 도쿄도청 주요 보직자들과 기획회의를 하는 장면으로 시작한다. 이 회의에서 도지사는 일본의 수도 도쿄에 핵발전소를 유치하겠다는 선언을 한다. 심지어 그 위치는 도청 앞 공원이다.

회의에 참석한 사람들은 이 갑작스러운 선언에 처음에는 말도 안 되는 생각이라며 반발하지만, 도지사 텐마의 논리적인(?) 설득에 참가자들은 하나둘 수긍하기 시작한다. 보직자들은 각자 자신의 입장에서 도지사의 주장을 반박해보려고 하지만 "만년 적자인 도쿄 재정 문제 해결, 청년 일자리 창출, 핵발전소 유치 지역 지원금 활용"과 같은 확실한 경제적 효과 앞에서 점차 할 말을 잃어간다.

또한 핵발전소를 도쿄에 건설하게 되면 도쿄 시민이 강하게 반발할 것이라는 의견에 대해서 도지사는 정색하며 "원전 건설에 따른 위험은 시골이나 도쿄나 똑같이 감수해야 한다."라고 말하는 장면은 우리에게 많은 것을 생각하게 만든다.

도쿄도지사가 핵발전소를 유치하자는 논리에서 주목해야 하는 것은 그러한 논리들이 현재 핵발전을 찬성하며 주도하는 이들의 논리라는 것이다. 핵발전이 정말 그렇게 안전하고 친환경적이며, 경제적

도쿄에 핵발전소를 유치해야 하는 이유를 명확하게 제시하는 도쿄도지사.

이라면 그러한 발전소는 멀리 외딴 지역이 아니라 에너지 소비가 집중된 도심에 위치하는 것이 당연하다.

이는 핵발전의 안정성, 친환경성, 경제성을 강조하면 할수록 핵발전소의 입지는 대도시가 되어야 한다는 것인데, 현실에서 핵발전소는 절대 대도시 주변에 건설되지 않는다. 이렇게 〈동경핵발전소〉는 핵발전을 옹호할수록 빠져들게 되는 딜레마를 풍자적으로 보여준다.

만약 우리나라에서 실제로 서울시장이 한강변에 핵발전소를 건설하겠다고 발표한다면, 서울 시민들과 서울을 지역구로 둔 정치인들은 이를 막기 위해 상상할 수 있는 모든 행동을 할 것이다. 아마도 핵발전소는 서울에 건설되면 절대 안되는 것이라고 강력히 주장할 것이다 그렇다면 왜 서울에는 안 되는 것이 울진, 월성, 영광, 고리에서는 되는 것일까?

얼마전부터 서울에서는 원전 하나 줄이기 운동을 벌이고 있다. 에너지 소비량을 줄여서 한국의 원전을 하나라도 줄여보겠다는 것이 운동의 주요 골자다. 이 운동이 정치적인 보여주기식 캠페인이 아니라 진짜 원전 줄이기로 이어지려면, 지금도 서울이 사용할 에너지를 생산하고 있는 지역을 위해 더욱 실질적인 행동을 해야 한다. 서울에서 안 되는 것은 대한민국 어느 지역에서도 안 되는 것이기 때문이다.

에너지 수급난 등을 이유로 다른 지역에서 원전이 계속 운행되고, 새롭게 건설되는 것에 대해 침묵하는 것은 "지금까지 우리 서울을 위해 에너지를 생산하느라 고생 많았지만, 이왕 운영하고 있으니 앞으로도 운영해주시고, 가능하면 몇 기 더 건설해서 에너지를 생산해주십시오. 서울에 핵발전소를 건설하는 것이 여러모로 타당하지만 그렇게 하기는 왠지 찜찜하니 서울에는 건설하지 않겠습니다."라고 말하는 것과 다르지 않다.

아이러니하게도 일본은 이 영화가 개봉된 지 7년이 지난 2011년에 후쿠시마 핵발전소 폭발사고를 겪었다. 만약 일본 시민과 정치인들이 이 영화에 조금만 더 관심을 보였다면, 그래서 노후 원전부터 줄여나가는 방법을 선택했다면, 후쿠시마 핵발전소 사고를 겪지 않았을 수도

서울시가 제안한 '원전 하나 줄이기' 로고.

있었다.

한국은 최근 새 정부에서 신고리 원전 건설을 일시 중단하고, 건설과 관련된 모든 사항을 다시 검토한 뒤 장기적으로 탈핵 국가로 갈 것을 천명했다. 이 과정에서 상당한 경제적 손실이 발생할 것이고, 여러 이해관계자의 불만이 생길 가능성이 크다. 하지만 후쿠시마 사고를 보면 알 수 있는 것처럼, 원전 사고는 일단 발생하면 그 피해는 돈으로 계산할 수 없을 정도로 크다. 또한 그러한 사고로 인한 생명의 피해는 경제적인 가치로 환산할 수 없는 것이기도 하다. 후쿠시마는 앞으로 몇만 년 동안 어떤 생명체도 살아가기 힘든 지역이 되었다.

이제 우리도 선택의 기로에 서게 되었다. 인적이 드문 먼 곳, 우리 눈에 보이지 않는 해안가에 설치된 핵발전소는 안전할 것이라고 믿으면서, 과거 일본이 갔던 길을 그대로 걸을 것인가?

에너지를 바꿔도 해결되지 않는 것

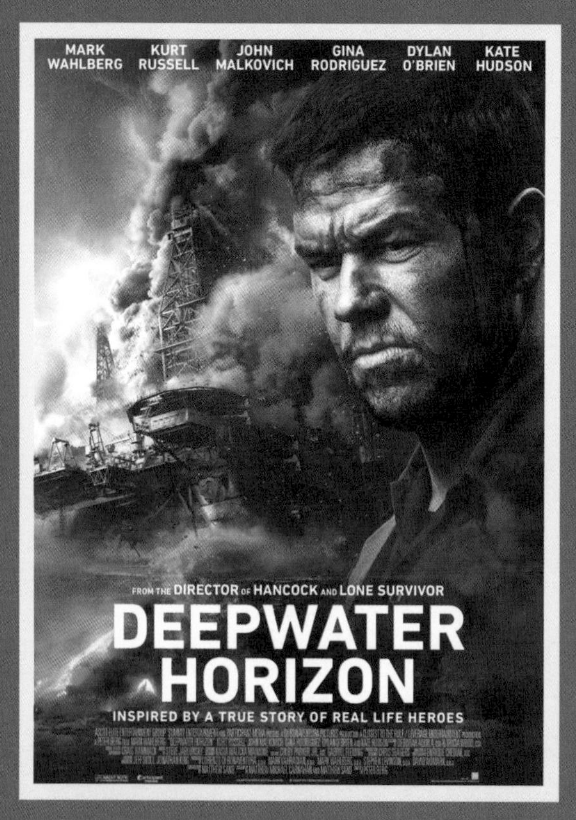

안재정

'탈핵의 길'을 간다는 것

문재인 대통령이 2017년 6월 19일 '탈핵 시대'를 선포했다. 그 일환으로 발표된 고리원전 1호기 가동 영구정지 결정에 대해 많은 이들이 '탈핵으로 가는 출발이자 안전한 대한민국으로 가는 대전환의 시작'이라며 환호했다. 우리는 과연 이 여정을 순조롭게 이어갈 수 있을까? 일본이 후쿠시마 핵발전소 사고 이후 탈핵의 길에 나섰다가, 멀리 가지 못하고 되돌아온 사례를 우리는 익히 알고 있다.

핵발전 중독에서 벗어나 재생에너지로 가는 길은 한국수력원자력에서 말하는 것처럼 재생에너지의 전력생산 단가가 높다는 변명을 넘어서는 대전환을 의미한다(한국수력원자력에서 주장하는 에너지원별 kWh당 전력생산 단가는 원전 68원, 석탄화력 73.8원, LNG 화력 101.2원, 신재생에너지 발전 156.5원이다).

에너지는 일을 할 수 있는 능력이다. 에너지 전환이란 우리 사회가

2010년 4월 20일 미국 뉴올리언스 해상에서 발생한
사상 최악의 폭발 및 기름 유출사고 현장.

추출·생산·유통·폐기의 모든 과정에 필요한 능력을 어떤 방식으로 확보할 것인가의 문제인 것이다. 지금까지 에너지 전환에 경제적·과학기술적 논리만 적용되었다면 앞으로는 사람의 안전과 미래세대의 행복을 근간으로 한 환경적·사회적 논리도 함께 고려해야 한다. 이러한 전환의 목표는 재생에너지의 발전단가를 낮추거나 반대로 핵발전 또는 화력발전의 단가가 상승해 재생에너지의 경제성이 확보되는 차원의 문제가 아니다. 이는 우리 사회가 가진 에너지 지배 구조를 넘어서는 일이다.

석유시추선 딥워터 호라이즌호의 폭발

〈딥워터 호라이즌〉은 실화를 바탕으로 한 영화임을 강조하듯이 법정 증언으로부터 그 이야기가 시작된다. 영화는 2010년 4월 20일 미국 뉴올리언스 남쪽으로 200km 떨어진 해상에서 일어난 심해 석유시추선 딥워터 호라이즌호의 폭발사고를 다루고 있다. 이 시추선의 소유주는 세계적인 석유 메이저 업체인 BP(British Petroleum, 브리티시 피트롤리엄)다. 이 심해 시추시설은 사고 당시 수심 1600m의 깊은 바다에서 석유시추공을 뚫어 해수면 이하 5600m 부근의 지하를 시추하고 있었다. 수심 3000m의 심해에서도 석유 시추가 가능한 이 시설에 왜 딥워터Deepwater 호라이즌Horizon이라는 이름을 붙였는지 짐작할 수 있다.

이 사고는 미국 멕시코만 기름유출사고, 딥워터 호라이즌호 기름유출사고, BP 기름유출사고, 마콘도 폭발사고 등으로 불리는데, 원인 제공 기업과 유조선 이름을 포함해 부르는 국제관례를 따른다면 가장 적당한 이름은 'BP 딥워터 호라이즌호 기름유출사고'다.

영화는 2010년 4월 20일 최초 사고 발생 이후 48시간 정도를 다루는데, 마치 바다 한가운데에서 벌어진 사고를 직접 경험하는 듯한 현장감을 보여준다. 하지만 생생한 현장감과 깔끔한 스토리를 통해 이 영화에 몰입하도록 하면서도, 영화를 다 보고 나면 '그래서 말하고 싶은 건 뭔가?'라는 질문이 여전히 남는다. 그곳의 사람들은 왜 시간에 쫓겨 작업했고, 무엇 때문에 속도와 경제 논리 속에서 죽어야만 했을까? 영화 속에서 사고 원인을 제공한 BP는 어떤 기업일까? 영화에서 자세히 묘사되어 있지 않지만, BP에서 파견 나온 돈 비드린이라는 인물을 통해 어느 정도 가늠해볼 수 있다.

석유업체 BP의 로고.

'돈'은 안전보다 경제성을 중요하게 생각하는 인물이다. 원유 시추를 위한 공정이 43일이나 지체되고 이로 인해 5000만 달러(약 570억 원) 이상의 초과 예산이 발생하자, 그는 무수히 많은 사고에 대한 경고와 12만5000달러(약 1억4000만 원)가 드는 안전성 검사를 무시하고 공사 기간을 단축하려 한다. BP는 영국 최대 기업이자 미국 엑손 모빌에 이은 세계 2위의 석유 회사이며 세계에서 세 번째로 큰 다국적 에너지 기업이다. BP의 파견 감독관 돈이 무리하면서까지 공사를 서두른 이유는 무엇이었을까? 이것은 오로지 이익만을 위해 움직이는 거대 기업의 시스템과 관련이 있다.

BP의 탄생과 석유 카르텔

19세기 후반, 영국은 식민지였던 인도의 유전을 개발하기 위해 랑군석유회사를 세운다. 이 회사는 19세기 후반에 소유권이 여러 차례 넘어가면서 버마석유회사Burmah Oil Company로 이름이 변경된다.

1908년 영국 지질학자들에 의해 이란에서 엄청난 양의 원유가 발견됐고, 당시 이란의 카자르 왕조는 그 시추권을 버마석유회사의 자회사인 앵글로-페르시안 석유 회사Anglo-Persian Oil Company, APOC에 넘긴다. 이 기업들은 제1차 세계대전을 거치면서 군수, 운송 등에 필요한 정유 공장을 세우며 규모를 확장한다. 이 과정에서 이란 왕조의 석유자원 독점권을 유지하기 위해 당시 영국 총리였던 윈스턴 처칠 등을 컨설턴트로 고용해 로비할 정도로 심각한 정경유착이 발생했다.

이들은 제1차 세계대전 이후 공정한 경쟁 대신 독점과 담합으로 세계의 석유 지배 구조를 견고히 하며 석유 카르텔을 형성하게 된다. 제2차 세계대전 이후 황폐해진 유럽 경제의 재건을 위해 추진한 '마셜 플랜' 등이 가동되면서 미국의 스탠더드 오일이 이 석유 카르텔에 합류한다. 제2차 세계대전 이후 중동의 민족주의 정서가 강해지면서 친서방 정책을 펼치던 이란 정권이 몰락하고 앵글로-이란 석유 회사(AIOC, APOC가 1935년 회사명을 변경함) 등이 이란으로부터 추방된다.

하지만 미국과 영국 정보기관의 계획에 따라 친서방 세력인 자헤디 장군이 새로운 이란 수상이 되면서 AIOC는 다시 이란으로 돌아오게 된다. 이 AIOC가 1954년 우리에게 익숙한 이름인 브리티시 피트롤리엄, BP로 바뀐다. 이후 이 회사는 알래스카, 리비아, 북해 등에 진출하며 전 세계 석유를 독식하게 된다. BP와 같은 성장 배경을 가진 세계 7대 석유 회사를 '세븐 시스터스Seven Sisters'라 부르는데, 이들은 1970년대 중동 석유 생산량의 90% 이상, 세계 석유 생산량의 90%를 독점하게 된다.

1970년대에 들어서면서 산유국들의 '반란'으로 1973년 오일쇼크가 발생한다. 이로써 세계 석유 권력은 석유수출국기구OPEC로 넘어가고, 산유국들이 더는 민간 석유 회사가 석유 생산과 유통을 독점하지 못하도록 국유화를 단행하고 국영기업을 만들었다. 그러다 1990년대 후반 석유 가격이 하락하자 석유 기업들의 합병이 활발히 일어나 5~6개의 거대 석유에너지 기업이 탄생하게 된다. 우리는 이들을 빅 오일Big Oil 또는 슈퍼 메이저Super Majors라고 부른다. 이러한 성장 패턴은 석유 산업뿐만 아니라, 곡물, 전자, 국방, 음반, 자동차 등 경제의 모든 분야에서 나타나고 있으며, 현재는 IT 분야에서 빈번하게 나타나고 있다. 우리는 다양한 분야에서 슈퍼 메이저들의 지배 속에 살아가고 있는 것이다.

왜 그들은 안전보다 경제성을 택하는가?

영화 속 딥워터 호라이즌호는 작업을 강행하면서 발생하는 많은 안전상의 문제를 무시하다 사고를 당한다. 이 배의 관리자와 노동자 들이 작업 속도에 열을 올렸던 것은 현재 작업을 진행하고 있는 마콘도Macondo에서 30억~40억 배럴이 매장되어 있는 것으로 추정되는 카스키다Kaskida로 시추선을 이동하기 위해서다. 영화 속 표현을 빌리면, BP는 원유라는 선물을 배송하는 산타클로스이며 딥워터 호라이즌호는 산타클로스의 썰매이고, 이곳에 탑승한 126명은 루돌프 사슴

사고 수습 과정에서 희생을 당한 것은 사회적
약자들이었다.

이 되는 셈이다. 사고 당시 딥워터 호라이즌호에 타고 있던 사람 중 115명이 탈출하고 11명이 실종 또는 사망했는데, 9명은 플랫폼의 승무원이고 2명은 엔지니어였다(BP 소속 6인은 모두 탈출했다). 폭발사고와 수습 과정에서 사망한 이들은 생태계에서와 마찬가지로 상대적인 약자였다.

영화에서는 사상 최악의 해양 석유 유출 사고를 막을 수 있었는지에 관한 논쟁이 등장한다. 지미 하렐과 마이크 윌리가 BP 관계자를 찾아가 시추공의 안정성 테스트팀을 돌려보낸 것을 항의하는 장면이 그것이다.

"내 할아버지는 한 번도 치과에 찾아가지 않았어. 왜냐하면 뭐가 문제인지 알고 싶지 않았거든. 문제가 뭔지 알게 되면 그 일에 대해 다뤄야 할 테니까. 당신들은 1860억 달러짜리 회사지만 싸구려로군."

기업은 문제에 대해 알고 싶어 하지 않는다. 그 문제가 이익을 저해한다면 더욱 그렇다. 지미 하렐은 이를 자신의 할아버지에 빗대어 설명한다. 할아버지는 평소 양치질을 게을리하면서도 치실을 쓰지 않고 큰 돈이 들까 봐 평생 치과에 가지 않았다. 그러면 죽을 때까지 엄청난 비용과 고통을 감수해야 한다.

이러한 지미 하렐의 비난에 돈 비드린은 다음과 같이 응수한다.

"그렇기 때문에 우리가 1860억 달러짜리 회사가 된 거야."

그들은 그렇게 평행선을 달리고 이러한 상황을 검증할 시스템은 작동하지 않는다. 마이크 윌리는 딥워터 호라이즌호의 390가지가 넘는 장비들이 고장 났다고 이야기하지만 2010년 BP는 최고 안전상을

7년 연속으로 받는다. 이미 사고는 예견되어 있고 이를 막을 수 있는 길은 없었다. 이후 우리가 아는 대로 사고가 발생한다.

1 : 29 : 300 그리고 희생자들

딥워터 호라이즌호와 같이 큰 사고가 일어날 가능성은 어디에든 있다. 하지만 큰 사고가 발생하기 전에는 비슷한 작은 사고들이 여러 번 발생한다. 이를 방치할 때 진짜 큰 사고가 벌어지기 마련인데, 이것이 바로 우리가 알고 있는 '하인리히 법칙'이다.

산업재해가 발생하는 과정에서 큰 재해가 한 번 있었다면 그전에 같은 원인으로 발생한 작은 사고가 29번 있었고, 또 운 좋게 사고는 피했지만 같은 원인으로 상처를 입을 뻔한 일이 무려 300번이나 있었다는 것이다. 우리도 2016년에 일어난 고신대 건설 노동자 사고나 구의역 스크린 도어 수습사원 사고 등 가슴 아픈 경험을 수차례 했다.

영화 속 희생자 모두가 왜 플랫폼의 승무원과 엔지니어였는지, 텍사스대학교 건축학과 4년 장학생인 케일럽은 왜 비정규직 근로자로 딥워터 호라이즌호에 탑승해 마지막까지 배를 살리기 위해 자신의 생명을 담보로 뛰어들었어야 했는지에 대해 관심을 가져야 할 것이다. 어쩌면 그들의 비극은 우리의 미래(또는 현재)일 수도 있기 때문이다.

〈딥워터 호라이즌〉에서처럼 안전과 경제를 같은 저울에 올릴 때, 고삐 풀린 자본주의는 우리의 안전과 생명을 위협하고 저울의 무

텍사스대학교 4년 장학생이자 비정규직으로 끝까지
배를 살리기 위해 애썼던 케일럽.

게는 희생으로 기울게 된다. 이러한 저울질을 하기 앞서 우리는 어떤 희생을 감수했고 그 희생의 확률은 누구에게 높았는지, 그리고 330번의 사고는 왜 강자보다 약자에게 더 무거운 짐을 지우는지 되물어야 한다.

복구와 책임은 누구의 몫인가?

딥워터 호라이즌호 사고로 인해 2010년 4월 20일부터 7월 15일까지 총 490만 배럴(약 7.78억l)의 원유가 멕시코만으로 유출되었다. 당시 BP사는 바닷물 위에 뜬 유막을 제거하기 위해 일부러 불을 내 기름을 태웠고(약 4925만l를 태움), 대규모 오일 스키머Oil skimmer(물에 뜬 기름을 유착 벨트 등에 흡착시켜서 제거하는 것) 선박을 이용해 기름을 걸러냈다. 또한 BP 계열사가 만든 코렉시트Corexit라는 유화제를 70만 갤런(약 265만l) 넘게 사용해서 세계 기록으로 남기도 했다. 하지만 워낙 유출량이 많아 이런 물리적·화학적 노력만으로는 역부족이었다.

미국 역사상 최대의 원유 유출 사고라는 불명예를 남기며 사고는 마무리되고 있지만, 수습과 복구는 지금도 이어지고 있다. 또한 이에 따른 책임도 묻고 있는데 2016년 4월 미국 법무부는 BP에 단일 기업에 대한 손해배상액으로는 사상 최대 규모인 208억 달러(약 24조 원)의 손해배상금을 부과했다.

사고에 대한 책임을 분명히 묻는 이러한 징벌성 판결은 2007년 충남 태안 만리포 앞바다에서 발생한 '삼성1호-허베이스피릿호 원유 유출 사고'와 비교해 보면, 한국과 미국의 법과 정부의 대응 차이만으로 보기에는 아쉬움이 크게 남는다. 삼성1호-허베이스피릿호 원유 유출 사고는 해상 크레인이 유조선과 충돌해 원유 1만2547*kl*가 유출된 사건으로 국내에서 발생한 가장 심각한 해양오염 사고였다.

삼성1호-허베이스피릿호 원유 유출 사고의 경우, 사고가 발생한 지 6년이 지난 2013년 피해액이 7341억 원으로 정해졌다. 이 중 원유를 유출한 허베이스피릿호 선사 1500억 원, 유출 사고를 유발한 삼성중공업 56억 원에 더하여 IOPC(국제유류오염보상기금)에서 최대 3258억 원까지 배상한다면, 세금으로 약 2000억 원을 부담하게 된다. 유출 사고의 원인을 제공한 삼성중공업이 최대 56억 원에 불과한 배상금과 별개로 출연한 2900억 원 규모의 지역발전기금은 2017년 7월 말까지도 배분되지 않았다.*

2016년 7월 기준, 중국 선박회사 '허베이스피릿 시핑'에 부과한 161억 원의 방제 비용에 대해서도 법정 다툼이 계속되고 있다. 해양수산부는 2017년 4월 24일부터 국제해사기구IMO 본부에서 개최되

---

* 삼성중공업의 지역발전기금은 3600억 원으로 2017년 7월 말 기준으로 이미 집행된 500억 원과 사회공헌사업비 200억 원을 뺀 2900억 원을 태안 49%(1421억 원), 보령 13%(377억 원), 서산 11%(319억 원), 신안 5%(145억 원), 서천 4%(116억 원), 영광 4%(116억 원), 홍성 3%(87억 원), 군산 3%(87억 원), 부안 3%(87억 원), 무안 3%(87억 원), 당진 2%(58억 원)로 결정했으나, 지역별 비율을 둘러싸고, 피해 지역 간의 갈등이 끊이지 않고 있다.

는 IOPC 회의에 참석해 '허베이스피릿호 기름 유출 사고 관련 배·보상 소송 내용'을 논의했으니 이 사고의 수습은 여전히 진행형이라고 봐야 할 것이다.

에너지 전환의 시작, 그리고 남겨진 고민

머지않아 석유의 시대는 끝날 것이다. 이미 값싼 석유의 시대는 끝나가고 있다. 미국 텍사스의 앞마당을 파면 석유가 나는 시대는 지나갔다. 망망한Horizon 멕시코만에서 1600*m*의 깊은 바다Deepwater를 파헤쳐야 석유를 찾을 수 있게 된 것이다. 그렇다고 핵에너지가 다음을 이어갈 것으로 보기는 어렵다.

앞서 살펴본 것과 같이 그동안 석유 시대는 슈퍼 메이저가 이끌었다. 이 과정에서 많은 이들이 희생을 당했으며, 저항하던 정권들을 몰락시키며 그들은 몸집을 키웠다. 최근 에너지 슈퍼 메이저들은 재생에너지와 관련된 전력 사업을 확대하고 있다. 2016년 프랑스의 거대 석유 회사인 토탈이 배터리업체 사프트를 9억5000만 유로(약 1조 3000억 원)에 인수했고, 세계 최대 원유 수출업체인 사우디아라비아의 아람코도 석유 이후의 시대에 대비하기 위해 태양광 사업을 검토하고 있다.

이러한 변화 속에서 우리는 어떤 방식으로 에너지 전환을 이룰 것인지 고민할 필요가 있다. 지금까지는 에너지를 주로 핵, 석유-석탄-

천연가스, 재생에너지 등 에너지원의 문제로만 보았다. 하지만 에너지 전환의 시대에는 에너지원의 변화와 함께 에너지를 지배하는 방식에 대한 고민이 포함되어야 한다.

지금처럼 사용할 에너지를 가능한 한 많이 생산하고, 가능한 한 많이 소비하는 구조를 유지한다면 슈퍼 메이저에 의한 파괴와 지배 방식이나 그들이 사회 구성원들을 바라보는 태도가 바뀌지 않을 것이다. 불편을 수반하더라도 개인의 에너지 자립과 독립을 통해 불평등한 에너지 지배 구조를 바꾸고, 에너지 생산과 소비 과정에서 희생되는 삶이 생기지 않도록 주위를 살피는 자세가 필요한 시점이다. 지금 우리가 직면한 새로운 에너지 전환의 시작에서 말이다.

참고 문헌

- 《월간 환경》, 2014년 7월호
  〈환경일보〉, 2014. 6. 25
- 네이버 블로그 [부분과 전체]
  http://blog.naver.com/PostView.nhn?blogId=2bfair&logNo=220027018551&redirect=Dlog&widgetTypeCall=true
- 〈중앙일보〉, 숫자로 알아보는 최악의 해양 재난영화 '딥워터 호라이즌'

미래를 바꾸는 오늘의 마음가짐

4

종말 향한 지구, ‘플랜B’는 지금 우리 몫

인터스텔라

김희경

미래의 지구를 보는 다른 시선

1970~80년대에 초등학교 시절을 보낸 사람이라면 기억할 것이다. 다가올 2000년의 모습을 그려보라고 하면 대부분의 아이들이 첨단 도시에서 캡슐로 된 음식을 먹거나, 우주선을 타고 화성 여행을 하거나, 해저 도시에서 생활하는 모습을 그렸다.

당시 아이들에게 그것은 상식이었다. 하지만 2000년 하고도 20년이 되어가는 지금, 우리는 여전히 그때와 비슷한 것을 먹고 비슷한 것을 입고 비슷한 곳에서 산다. 우리나라를 기준으로 보면 생활이 좀 더 풍성하고 편리해졌지만, 그렇다고 해서 누구나 우주여행을 할 정도로 변한 것은 아니다.

앞으로 30년 뒤, 100년 뒤엔 어떻게 될까? 생활은 지금보다 더 좋아질까? 역사적으로 성장을 계속했으니 앞으로도 그럴 거라고 생각해도 될까?

어린이들이 끝없이 발전하는 미래를 그리고 있는 동안, 서구의 몇몇 학자들은 당시의 자료에 근거해서 미래의 모습을 그리는 시도를 했다. 학자들의 모임 이름은 '로마클럽'이었다. 로마클럽은 1968년 첫 회의를 이탈리아 로마에서 했기 때문에 붙여진 이름으로, 인류가 환경위기를 깨닫고 대응해야 한다는 필요성에 의해 만들어졌다. 그들이 그린 미래의 모습은 '월드 3'이라는 모형에 담겼다.

'월드 3'은 인구, 식량 생산량, 산업 산출량, 상대적 오염도, 남아 있는 재생 불가능한 자원 등의 지표를 설정하고, 조건을 달리했을 때 어떤 시나리오가 나타날지 보여주는 컴퓨터 모형이다. 이 내용을 담은 책《성장의 한계》는 1972년에 출간되어 전 세계적으로 큰 반향을 일으켰다. 1992년에는 개정판《성장의 한계, 그 이후》가, 2004년에는 《성장의 한계: 30주년 개정판》이 나옴으로써 이 작업을 지속하고 있음을 보여주었다.

'월드 3'은 열두 가지 조건에 따른 시나리오를 제시하는데 그중 '기준 시나리오'인 시나리오1은 1972년 당시의 상황이 계속된다는 것을 전제로 한 것이다. 이것을 보면 1972년부터 꾸준히 상승하던 인구, 식량 생산량, 산업 산출물이 2010년 즈음 정점에 이르고, 이후에는 하강한다. 저자들은 이에 대해 다음과 같이 말한다.

"우리가 시나리오1에서 가장 강조하고자 하는 것은 만일 미래에 경제성장과 인구 증가에 영향을 끼칠 정책들이 20세기 마지막 시기를 지배했던 정책들과 비슷하다면, 또 그 세기를 대표하던 기술과 가치들이 그대로 이어진다면, 그리고 모형에 있는 불확실한 숫자들이

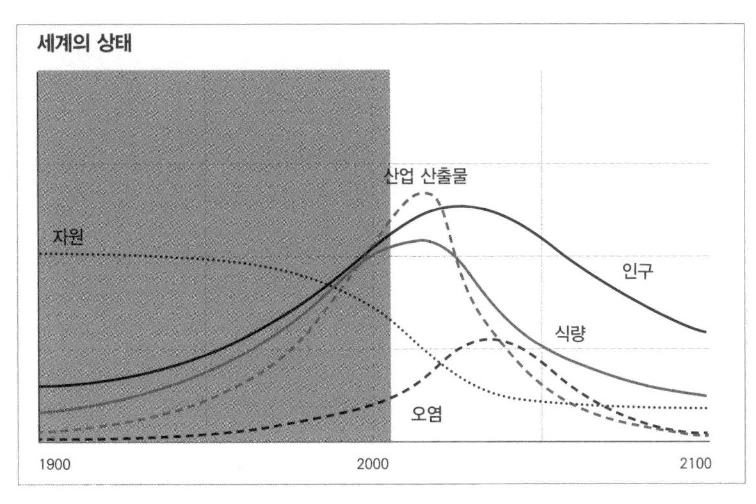

'기준 시나리오'인 시나리오1. 이 시나리오는 1972년의 상황이 계속된다는 것을 전제로 한 것이다.(《성장의 한계: 30주년 개정판》)

대강 맞다면, 그 모형의 시스템에서 나타날 수 있는 가장 일반적인 행동양식을 보여주는 것이다."*

즉, 미래의 정책 담당자들이 1972년의 정책 담당자들과 유사한 생각, 희망, 판단을 하고 그에 따라 실행한다면 당연히 지구는 지속 가능하지 못할 것이라고 경고한 것이다.

---

* 도넬라 H. 메도즈 외 지음, 김병순 옮김,《성장의 한계: 30주년 개정판》, 갈라파고스, 2012, 271쪽.

지구는 버려야만 하는 행성일까?

영화 〈인터스텔라〉는 더 이상 농사를 지을 수 없게 되면서 식량 부족과 질병에 시달리고, 정부 시스템과 경제가 붕괴하며, 미 항공우주국NASA도 해체된 상황을 전제로 시작한다. 지구에서 인류의 생존이 불가능하게 되자 브랜드 교수는 인류가 살 수 있는 행성을 찾는 프로젝트를 계획한다. 그리고 전직 NASA 우주비행사였던 쿠퍼가 이 프로젝트에 합류해 우주로 향한다.

영화는 이 과정에서 인물들이 겪는 고민, 갈등, 모험을 그린다. 2014년 개봉한 이 영화는 특히 우리나라에서 큰 인기를 끌었는데 상대성이론, 중력파, 웜홀, 블랙홀 등의 물리학 개념들에 대한 관심이 잠시 높아지기도 했다. 〈인터스텔라〉는 복잡한 과학적 사실들을 배경으로 하면서 인류애와 가족애를 녹여내 다양한 관점에서 감상할 수 있는 영화였다. 나는 여기에서 '선택'이라는 키워드에 주목해보고자 한다.

〈인터스텔라〉에서 가장 기억에 남는 장면은 엄청난 블랙홀도 거대한 파도가 치는 외계행성도 아니다. 오히려 흙먼지가 가득한 집과 마당이었다. 주인공 가족이 사는 곳은 온통 흙먼지로 덮여 있다. 밀은 더 이상 생산할 수 없고, 옥수수 역시 병충해로 내년을 기약할 수 없다.

"매일 새로운 것이 발명"되고, "하루하루가 크리스마스 같았던" 시절은 노인들의 기억에만 있을 뿐, 아이들은 그런 풍요를 경험해본 적이 없다. 생활을 편리하게 만드는 기술이 개발됐을지 몰라도 삶을 유

주인공 가족이 사는 곳은 온통 흙먼지로 덮여 있다.

지할 수 있는 식량은 확보할 수 없는 시대가 된 것이다. 1970~80년대 우리나라 어린이들의 상상보다 로마클럽 저자들의 말이 더 그럴듯하다고 생각된다면 우리가 상상할 수 있는 미래는 〈인터스텔라〉가 보여주는 모습에 더 가까울지도 모른다.

영화는 그런 상황이 닥쳤을 때 인간이 할 수 있는, 또는 할 수밖에 없는 일을 그린다. 그 일이란 지구와 유사한 환경을 가진 행성을 찾아 지구인을 이주시키거나(플랜A), 그 행성에 냉동 수정체를 옮겨서 인류의 생존을 유지하는 것(플랜B)이다.

이를 위해 브랜드 교수는 인간이 생존 가능한 행성을 찾는 '나사로 프로젝트'를 계획하고, 플랜A로 위장한 플랜B를 추진한다. 플랜은 그

〈인터스텔라〉에서 인간은 지구를 버리고 생존 가능한 새로운 행성을 찾는 나사로 프로젝트를 진행한다. 웜홀을 통한 우주여행이 가능하다는 전제가 있다.

것뿐이다. 그들에게 지구는 버려야 하는 행성이다. 어떤 방식으로든 복원시켜서 인간이 다시 살 수 있도록 하는 선택지는 없다.

영화는 이미 다른 선택이 불가능해진 상태를 전제로 삼는다. 그 속에서 주인공 쿠퍼를 비롯한 등장인물들은 플랜A를 이루기 위해 고군분투한다. 앞길을 알 수 없는 우주여행길에 오르거나, 잘못 찾은 (밀러)행성에서 파도에 휩쓸리거나, 끝도 없이 방정식을 풀거나 하는 식이다. 짓궂게도 영화는 지구 생존에 대해 선택을 할 수 없는 상태에서 주인공 쿠퍼가 계속 선택하도록 만든다. 가족을 살리기 위해서 가족을 떠날 것인지 남을 것인지, 가능성 있는 행성을 찾기 위해 먼저 우주로 떠난 만 박사가 발견한 행성을 택할 것인지, 애드먼드가 찾은 행성을 택할 것인지.

쿠퍼는 가족을 떠나는 것을 선택했고, 만 박사가 메시지를 보낸 행성으로 방향을 정했다. 그리고 그것은 잘못된 선택인 것처럼 보였다. 하지만 쿠퍼가 지구를 떠나지 않았다면 인류는 지구에서 종말을 고했을 것이다. 애드먼드가 찾은 행성을 먼저 택했다면 방정식을 풀 수 없었을 것이다. 영화는 이렇게 쿠퍼를 이끌고 메시지를 준 '그들'이 결국 '우리'라고 이야기한다. 그들 또는 우리가 있었기에 플랜A는 성공의 열쇠를 쥐게 되었다. 일어나야 할 일은 일어난다. 그렇다면 쿠퍼의 선택은 쿠퍼가 한 선택이 아닐 수도 있다.

영화는 비교적 희망적인 메시지를 남기면서 끝을 맺는다. 그렇다면 우리도 그렇게 생존할 수 있을까?

픽션에서 시선을 거두고 현실로 돌아와보자. 여전히 우리는 늘 무

영화는 지구 생존에 대한 선택을 할 수 없는 상태에서
주인공 쿠퍼가 계속 선택하도록 한다.

언가를 선택해야 한다. 영화처럼 메시지를 전하는 존재가 있다면 결과적으로 생존에 긍정적인 선택을 하겠지만, 현실은 그렇지 않을 가능성이 크다.

과거의 어떤 선택으로 인해서 우리는 지금까지 풍요롭고 발전하는 문명을 누려왔다. 앞으로도 계속 그 패턴을 지속할 것이라고 믿는 사람들도 많다. 하지만 '로마클럽'은 지금까지 인류가 선택해온 방향은 지속 가능한 미래가 아니라고 경고한다. 토양을 황폐화하고, 재생 불가능한 자원을 계속 사용하고, 인구를 늘리고, 오염을 증가시키는 선택을 계속하는 것은 결국 지구를 버릴 수밖에 없는 영화 속 상황으로 돌진하는 것이다.

다른 플랜을 선택할 수 있는가?

〈인터스텔라〉에서는 지구를 구한다는 플랜이 없었다. 현실은 어떠할까?《성장의 한계》 저자들은 재생 불가능한 자원이 더 풍부한 경우, 오염 방지 기술이 발전한 경우, 토지 산출력(작물을 생산해내는 토지의 능력. 토지의 비옥함 정도)이 증가한 경우 등 조건을 달리한 시나리오를 제시했다. 하지만 몇몇 조건이 더 나아지더라도 시기를 늦출 뿐 '붕괴'라는 결론을 피할 수는 없었다.

다시 저자들은 더욱 큰 변화를 투입해서 시나리오9를 만들었다. 이것은 지구 체계가 평형 상태가 되는 지속 가능한 사회이고, "우리가 지구 체계에 대한 지식을 적절하게 이용할 수 있다면 실제로 이룩할 수 있는 세상"*이다.

아직은 지구를 구하는 플랜이 가능한 것이다. 하지만 그것은 우리가 다른 플랜을 선택한다는 것을 전제로 한다. 저자들은 시나리오9의 변화가 1982년에 시작됐다면 상황은 더 좋았겠지만 세계는 그 기회를 잡지 못했다고 말한다. 그리고 시나리오9가 2020년 이후에 시행된다면 그땐 너무 늦어서 붕괴를 피할 수 없다고 경고한다.

지금은 2018년이다. 우리는 다른 플랜을 선택했는가? 또는 선택할 수 있을까? 우리 후손들을 선택의 여지가 없는 영화 속 상황으로 내

---

* 도넬라 H. 메도즈 외 지음, 김병순 옮김,《성장의 한계: 30주년 개정판》, 갈라파고스, 2012, 379쪽

©NASA

달 궤도를 돌던 아폴로 8호 우주인이 1968년 성탄 전야에
촬영한 지구의 모습. 지구는 그 뒤 기후변화 등 심한 환경
몸살을 앓으면서 제 모습이 변하고 있다.

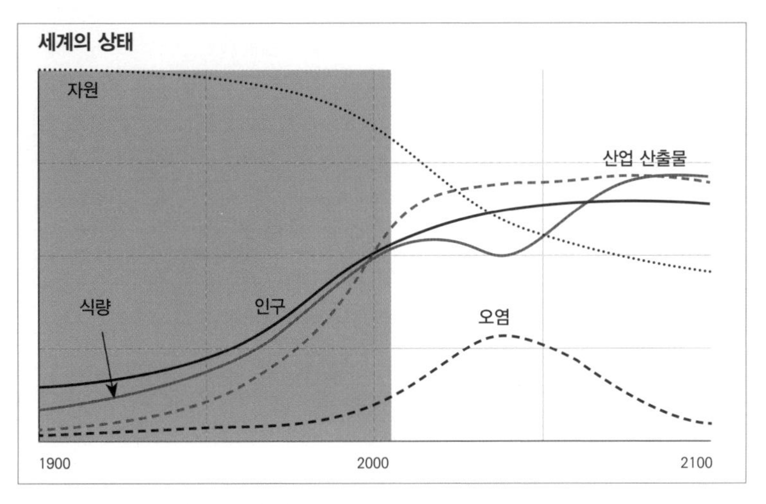

시나리오 9는 지구 체계가 평형 상태가 되는
지속 가능한 사회다.

몰지 않으려면 '더욱 큰 변화'를 선택하는 것은 필수적이다. 과거 선택의 결과가 오늘을 만들고, 오늘의 선택은 내일을 만든다. 미래의 쿠퍼가 할 수 없었던 선택을 오늘의 우리는 할 수 있다. 지구를 버려야 할 시점에 이르러서 "우린 답을 찾을 거야. 늘 그랬듯이."라고 영화 속 대사를 읊조리는 것은 어리석다.

시간이 지나면 답을 찾을 기회를 얻지 못한다. '그들'의 메시지를 기대할 수 없다면, 지금 '우리'가 올바른 메시지를 전해야 한다.

직접 보면 안다, 우주인이 환경운동가가 되는 까닭

그래비티

조성화

우주에서 바라본 지구

"우주 공간에서 지구를 직접 본 경험을 한 우주비행사들은 남은 평생을 지구를 보전하는 일을 하며 살아갈 수밖에 없다."

한국인 최초의 우주비행사 이소연 박사는 한 대학 강연에서 이렇게 말했다. 그는 왜 우주비행사들이 지구를 보전하는 일을 하며 남은 평생을 살아갈 수밖에 없다고 했을까?

우리가 잘 아는 것처럼 우주 공간은 생명체가 살아가기에 최악의 환경이다. 산소 공급 장치 없이는 5분을 버티기 힘들고, 기온은 영하 270℃에 이르며, 대부분의 공간은 무중력 상태로 텅 비어 있다. 그에 반해 지구는 수많은 생명이 살아가기에 적합한 물, 토양, 공기와 같은 자연환경을 갖추고 있으며 빛나는 보석처럼 아름답다. 우주 공간에서 지구를 바라보면 생명이 살아갈 수 있는 환경을 갖춘 아름다운 지구가 극한의 환경인 우주에 맞닿아 있는 모습이 아주 위태롭게 보인

국제우주정거장ISS에서 바라본 지구.
지구의 얇은 대기층 너머로 달이 보인다.

다고 한다. 우리에게는 하늘(대기)이 아주 높아 보이기 때문에 우주까지는 까마득한 거리라고 생각하지만 실제로는 그렇지 않다.

대기는 지상에서 약 100㎞ 상공까지만 존재하는 반면, 지구의 지름은 약 1만3000㎞나 되기 때문에 우주에서 보면 지구의 대기층은 아주 얇은 막처럼 보인다. 우주에서 지구를 직접 본 우주비행사들은 아름다운 지구가 생각보다 쉽게 파괴될 수도 있다는 생각을 하게 된다. 드넓은 우주에서 생명체가 살아가기에 적합한 유일한 공간이 지구라는 사실을 더욱 절실하게 깨닫게 된다고 한다.

많은 우주비행사가 우주에서의 역할을 마친 뒤 지구를 보전하는 일을 하며 살아가는 것은 바로 이런 이유 때문일 것이다. 우주에서 지구를 직접 바라보는 경험이 지구의 소중함과 아름다움을 절실하게 느낄 수 있게 한 것이다.

이러한 이야기를 접했을 때 나는 환경교육을 전공하는 대학원생이었다. 당시 나는 '어떻게 하면 사람들이 환경의 소중함을 진심으로 느끼게 할 수 있을까?' '왜 사람들은 자신이 살고 있는 지구에 더 많은 관심을 갖지 않을까?' 하는 고민에 몰두해 있었다.

그런 와중에 이소연 박사의 이야기를 접하면서 이런 생각이 들었다.

'지구의 소중함을 알게 하는 데 우주에서 지구를 직접 보는 것이 그렇게 효과적이라면, 모든 사람에게 우주에서 지구를 보는 기회를 제공하면 되지 않을까? 그런데 그렇게 할 수 있는 방법이 없지 않은가?'

최근에 이 생각에 답을 주는 사람이 나타났다. 그것은 우주여행을

우주에서 본 지구의 실제 모습을 담은 가장
정고한 사진. 일명 '블루 마블'.

영화 〈그래비티〉는 우주에서 지구를 보는 경험을
제공한다.

쉽게 할 수 있도록 해주는 최첨단 우주 공학 기술자가 아니라, 알폰소 쿠아론이라는 영화감독이었다. 알폰소 쿠아론은 영화 〈그래비티〉를 통해서 지구의 소중함을 알기 위해 또는 우주의 극한 환경을 알기 위해 우리가 우주에 직접 나갈 필요는 없다고 담담하게 말하는 듯했다.

영화는 상영시간 내내 관객들에게 실제 우주에 있는 듯한 느낌을 준다. 지금까지 우주를 소재로 한 영화들은 다소 과장된 폭발음과 효과음을 사용해 극적인 모습을 연출하는 일이 많았지만, 〈그래비티〉는 그와는 정반대 방법을 택했다. 가능한 한 실제 우주 모습을 그대로 재현해 중력이 없고, 소리가 전달되지 않으며, 작은 파편에 의해서도 생명을 잃을 수 있는 위험한 공간이 우주라는 것을 보여준 것이다. 특히, 우주를 '적막이 흐르는 황량하고 고독한 곳'으로 묘사한 것은 이 영화에서 주목할 만한 부분 중 하나다.

위험하고 황량한 우주와는 달리 영화 중간에 보이는 지구의 모습은 이루 말할 수 없을 정도로 환상적이고 아름답다. 또한 〈그래비티〉는 지구가 얼마나 아름다운지, 반대로 우주가 얼마나 극한의 환경인지를 극적으로 대조해 보여준다.

연결은 곧 삶이다

〈그래비티〉에서 주목한 또 다른 주제어는 '연결'이다. 영화는 허블 우주망원경을 수리하기 위해 우주로 올라간 스톤 박사와 그 일행이 인공위성 잔해와 부딪치면서 시작된다. 이 사고로 지구로 귀환할 때 사용해야 할 우주왕복선이 파괴되고, 스톤 박사와 매트 요원만 살아남게 된다.

이렇게 위급한 상황이 벌어졌을 때, 살아남은 주인공들이 가장 먼저 한 일은 필사적으로 서로를 연결하기 위한 노력이었다. 결국 가느다란 끈으로 서로 몸을 연결한 다음에야 자신들이 처한 상황을 객관적으로 파악하고 문제를 해결하기 위해 나서게 된다. 아주 가느다란 끈에 불과하지만 이 연결을 통해 주인공들은 마음의 안정을 찾고 삶에 대한 희망과 의지를 갖게 된다.

주인공들은 우주에 있는 동안 지구에 있는 관제탑과 연결되어 있다가, 사고 이후 연결이 끊어지면서 모든 것을 스스로 판단하고 결정해야 하는 위험한 상황에 놓인다. 살아남은 이들은 우주에서 지구로 귀환하기 위해 다른 우주왕복선과 연결을 시도한다. 우주에 홀로 남아 지구로 돌아가려 분투하다가 결국 삶을 포기하려 했던 스톤 박사는 환영 속 매트와 연결되면서 다시 삶의 의지를 찾기도 한다. 이렇듯 연결과 끊김의 상황은 내내 반복된다.

감독은 〈그래비티〉를 통해 우리는 모두 연결되어 있고, 연결이 끊긴다는 것은 생명을 잃을 수도 있는 위험한 상황임을 말해주고 있다. 또한, 삶을 포기할 수도 있는 암담한 상황에서도 작은 연결이 삶을 지속시키는 계기가 될 수 있다는 것도 함께 말해주고 있다.

영화 제목인 '그래비티Gravity(중력)'도 지구와의 보이지 않는 연결을 의미한다. 후반부에서 주인공 스톤 박사가 지구로 돌아와 한동안

스톤 박사는 지구와의 직접적인 연결로 살았다는 것을 실감한다.

땅에 몸을 붙이고 있는 모습은 지구와의 직접적인 연결이 곧 삶 그 자체라는 것을 보여준다.

우리는 이미 자연과의 연계가 얼마나 중요한지 체감하고 있다. 세계적인 생물학자 에드워드 윌스 교수는 자신의 저서 《바이오필리아》에서 어린이들은 개와 고양이 같은 살아 있는 것들을 보고 자연스럽게 호감과 관심을 갖게 되고, 많은 사람이 주말에 산과 공원 같은 자연환경을 찾아가는 이유는 자연 속에서 안도감과 편안함을 느끼기 때문이라고 말한다. 또한 최근 어린아이들에게 나타나는 아토피와 정서 장애 같은 질병도 자연이 결핍된 환경 때문에 발생하는 것이라고 말한다. 이러한 사례들은 우리가 자연과 떨어져서는 살아갈 수 없는 존재라는 것을 잘 보여준다.

인류는 지금까지 지구에서 벗어나는 것을 꿈꿨다. 비행기를 만들어 땅에서 벗어났고, 우주선을 만들어 지구로부터 완전히 벗어나는 것도 가능해졌다. 하지만 역설적으로 인류가 지구에서 벗어나는 능력이 발전할수록 지구가 인류와 강하게 연결되어 있다는 것, 지구를 완전하게 떠나 살아가는 것은 불가능에 가깝다는 사실을 확인하게 되었다.

영화 〈그래비티〉는 이러한 연결의 중요성을 얘기한다. 앞으로도 인류는 지구를 벗어나기 위해 끊임없이 노력하겠지만 지구는 지금까지 그래왔던 것처럼 우리와 연결되어 있을 것이다. 언제나 벗어나길 꿈꾸지만 결국 마지막 순간에 돌아갈 곳이라고 생각하는 부모의 품처럼 말이다.

핵전쟁 후 오래된 미래, 희망은 씨앗뿐

매드맥스

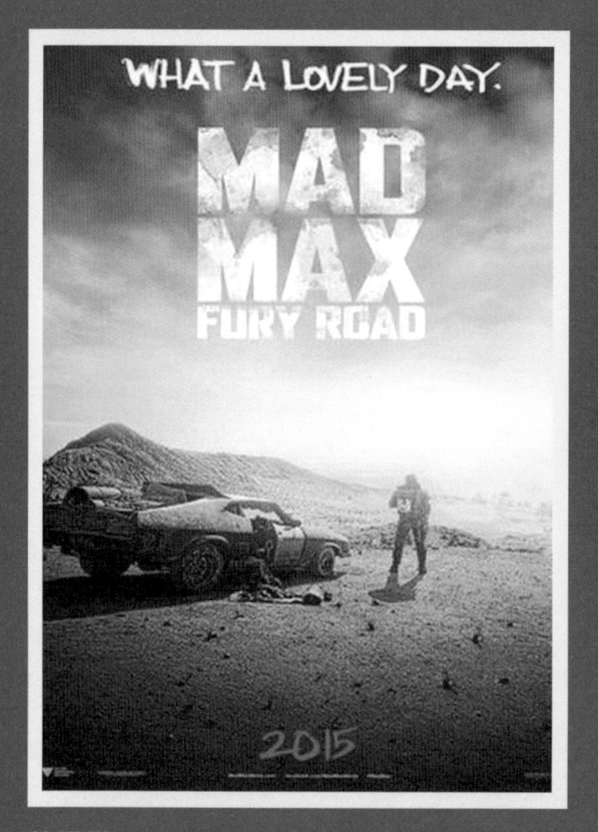

안재정

맥스의 디스토피아

〈매드맥스: 분노의 도로〉(이하 〈분노의 도로〉)는 22세기 핵전쟁으로 지구가 초토화되고 물과 기름이 생존의 필수조건이 된 세계에서 아내와 딸을 잃고 환영과 환각에 시달리며 살아가는 맥스의 '생존본능'을 다룬 영화다. 1979년 제작된 1편 〈매드맥스〉를 시작으로 2015년 〈분노의 도로〉까지 총 네 편의 시리즈로 이어지고 있는 '매드맥스' 시리즈는 모든 것이 파괴된 최악의 디스토피아를 사막이라는 공간으로 시각화한다.

현재를 살아가는 우리가 생각할 수 있는 가장 암울한 미래는 바로 핵전쟁으로 황폐해진 미래일 것이다. 기후학 전문가 알란 로복Alan Robock은 2014년 연구에서 핵전쟁이 일어난 지구에 대해 이렇게 예측했다. 핵폭발 이후 그을음이 성층권까지 도달해 결국 지구 전체를 덮치게 되고, 이로 인해 매연에 포함된 카본블랙이 퍼져 전 세계 하늘

사막의 황량함과 자동차로 상징되는 〈매드맥스〉 시리즈의 배경.

이 새까맣게 된다는 것이다. 카본블랙은 이산화탄소의 100만 배에 이르는 에너지를 흡수하기 때문에 성층권 온도는 올라가지만 햇빛을 차단해 지구는 핵겨울이라는 빙하기를 맞이하게 된다. 이렇게 기온이 낮아지고 성층권의 오존층이 파괴되면서 자외선 유입이 늘어나면 결국 식량 자원도 감소될 것이다. '매드맥스' 시리즈는 이러한 핵겨울이 지난 몇십 년 후의 모습을 그린다. 오염을 일으키는 인간의 오만과 오염된 지구를 복원할 자연의 치유력이 사라진 황량한 '무無'의 세계인 사막을 우리가 맞닥뜨릴 미래의 모습으로 제시하고 있는 것이다.

'매드맥스' 시리즈의 배경이 사막이 된 데에는 다른 속사정도 있었다. 〈매드맥스〉 1편이 제작된 1979년 당시 공동 각본가인 제임스 매코스랜드는 1970년대 호주를 강타한 오일쇼크의 혼돈에서 영화의 모티브를 떠올렸고, 감독 조지 밀러는 그동안의 SF영화가 추구한 유토피아적 세트장을 포기하고 황량한 호주의 사막을 배경으로 택했다.

실제 제작사는 호주 정부에 폭주족에 대한 세미 다큐 영화를 찍는다고 속여 지원금을 수령할 정도로 자금 사정이 나빴다고 한다. 또한 1970년 시드니의 한 종합병원 응급실에서 수련의로 근무했던 조지 밀러는 수많은 자동차 사고 환자와 사망자를 지켜보며 이들이 곧 폭력의 가해자이자 희생자라는 생각을 했다. 자동차는 단순한 이동수단이 아닌 힘과 공포의 상징이 될 수 있었던 것이다. 감독의 이런 경험을 바탕으로 자동차는 이 영화의 주요 소재로 쓰이게 된다.

우연이 필연을 만든다고 했던가. 이후 만들어지는 '매드맥스' 시리즈는 모두 이러한 암울한 배경과 자동차라는 소재를 활용하고 있다.

인류는 무엇에 의지하며 살아가는가?

생태계Ecosystem와 경제Economy가 무너진 디스토피아에서 인류는 무엇을 소비할 것인가? 두 단어의 앞에 붙은 'eco'의 어원은 집 또는 집안이라는 뜻의 'oikos'이다. 이는 인간의 삶을 구성하는 일종의 체계 혹은 시스템을 의미한다. '매드맥스'의 세계는 자원의 활용, 수요와 공급, 경쟁, 이익에 따른 비용과 같은 사회적 시스템이 사라진 세계다.

모든 시스템이 파괴된 세상에서 살아남은 자들이 유일하게 소비하는 것은 그들 자체다. 그들은 멈춰버린 문명의 욕망을 채우기 위해 생존자들의 마을을 공격해 식량과 물, 기름 등 필요한 물자들을 착취하고, 강한 남자는 노예로, 여자들은 쾌락과 번식을 위한 소모품으로 사용한다.

영화에서 인류가 착취의 주요 도구로 사용하는 것은 첨단 장비가 아닌 업사이클링 수준을 벗어나지 못한 20세기 전리품인 자동차다. 이같은 설정은 아포칼립스(세기의 종말)를 다룬 영화에서 종종 나타난다. 그렇다면 왜 '매드맥스'의 디스토피아적 세계에서는 첨단 과학이 지배하고 있지 않을까? 그것은 지금 우리가 미래의 대안으로 생각하고 있는 첨단 기술이 인류의 파멸 행위에 의해 사라졌기 때문이다. 이러한 예는 우리에게 친숙한 미야자키 하야오의 애니메이션에도 등장한다. 〈미래 소년 코난〉(1978)은 인류를 파멸로 이끈 전쟁으로 인해 에너지를 생산할 수 있는 과학기술이 사라진 미래에서 이야기가 펼쳐진다. 〈바람계곡의 나우시카〉(1984)에서도 비슷한 설정을 찾아볼 수 있다. 산업문명 몰락 후 공동체를 이루어 살아가는 바람계곡 사람들은 인류를 파멸케 한 첨단 과학의 결과물인 거신병 로봇을 기술문명국 트로메키아가 찾지 못하게 하기 위해 고군분투한다.

'매드맥스' 시리즈에서 가장 중요한 자원은 원자력도 최신 신재생 에너지도 아닌 물과 기름이다. 물과 기름의 성질은 서로 정반대다. 물과 기름은 섞이지 않으며, 재생 가능한 자원과 재생 불가능한 자원을 대표한다. 물은 생명과 탄생의 이미지에 가깝고, 기름은 소비와 소멸에 가깝다.

영화는 이러한 이질적인 자원이 미래의 중요 자원이라는 동질성에 초점을 맞춘다. 이는 우리가 가진 과학기술의 양면성과도 같다. 물은 필요Needs이고, 기름은 욕망Wants이다. 물은 생명이고 생명을 억

'매드맥스' 시리즈에서 가장 중요한 자원은 물과 기름이다.

압하고 통제하는 것은 기름의 산물인 무기와 가스다.

이러한 착취 과정에서 악의 축인 '임모탄 조'가 탄생하게 된다. 임모탄은 해병대 출신 대령으로 추측되는 인물이다. 핵전쟁 이후 주인 없는 세상의 새로운 주인을 자처하며 정유공장 시설(가스 타운)과 납 광산(무기 농장), 그리고 자신의 근거지인 물이 나오는 시타델을 차지함으로써 신과 같은 숭배를 받는 인물로 그려진다. 하지만 모든 것을 가진 임모탄도 지배의 과정에서 상당량의 방사선 피폭을 당해 호흡기질환과 암을 비롯한 온갖 질병에 시달리고 있다. 생명유지장치 없이 한시도 살아갈 수 없지만, 방사능에 오염되지 않은 깨끗한 여성들을 가둬놓고 자식을 낳게 만들어서 장애가 있는 세 아들의 불완전성을 극복하고자 한다. 그러나 파괴와 군림을 상징하는 지도자 임모탄은 생명과 협력을 상징하는 퓨리오사와 맥스에 의해 무너지고 만다.

분노의 도로 위에서 그들은 무엇을 위해 달리고 있는가?

"세상이 멸망하면서 누가 미친 건지 알 수 없어졌다. 나인지 이 세상인지."

〈분노의 도로〉의 맥스는 이렇게 말한다. 영화 속 등장인물들은 모두 각자의 입장에서 절망을 헤쳐나가기 위해 극단적인 몸부림을 친다. 악의 축인 임모탄은 완벽한 유전자를 가진 후계자를 갈망하고, 그를 돕는 워보이들은 핵전쟁의 후유증으로 스스로 혈액을 생성해내지 못해 피 주머니를 달고 강제로 생명을 이어가며, '발할라'라는 천국에 집착한다. 맥스는 아내와 딸을 잃은 죄책감에 괴로워하고, 임모탄에 의해 납치된 자바사의 딸 퓨리오사는 고향을 그리워하며 자신의 생존법칙에 따라 행동한다.

남성성과 억압으로 상징되는 임모탄의 시타델에서 맥스와 퓨리오사 일행이 궁극적으로 향한 곳은 '고향'이라고 불리는 '녹색의 땅'이었다. 하지만 이곳의 물이 오염되어 사라졌음을 알게 되면서 새로운

남성성과 억압을 상징하는 임모탄 조에 대항하는
여성 이미지에서 에코페미니즘의 흔적을 찾을 수 있다.

임모탄은 쾌락과 번식을 위한 소모품으로 여자를 이용하지만
절대권력을 무너뜨린 것은 결국 그녀들이다.

세상을 찾아 돌아오지 못할 길을 갈 것인지, 다시 현실 세계로 돌아갈 것인지 갈림길에 선다. 그리고 그들은 결국 현실 세계를 택한다.

이 과정에서 과거 세대인 어머니들이 지키고자 했던 것이 등장한다. 바로 씨앗이다. 이는 어떤 면에서 우리에게 필요한 '오래된 미래'다. 맥스와 퓨리오사는 유토피아를 찾지 못했지만, 씨앗을 통해서 현재의 디스토피아를 변화시킬 수 있는 희망을 본 것이다. 그리고 이러한 희망을 이어주는 씨앗의 운반자로 여성을 택한다. 남성성과 억압을 상징하는 임모탄에 대항하는 여성 이미지는 끝없는 착취로부터 자연을 해방시키는 동시에, 한없이 소외되고 주변화되는 것으로부터 여성을 해방시키려는 시도를 했다는 점에서 에코페미니즘의 흔적을 찾을 수 있다.

"날 기억해줘!"

우리가 사는 현실은 맥스나 퓨리오사가 그리는 세상보다 임모탄이 강요하는 세상에 더 가깝다. 그런 점에서 임모탄의 지배를 받고 있는 워보이들에게 감정이 이입되는 것도 이상한 일이 아니다. 이들은 '반짝반짝 광택이 나는shiny and chrome' 상태가 되기 위해 입에 은색 스프레이를 뿌리고 적의 차로 뛰어들면서 "날 기억해줘Witness me!"라고 외친다. 사실 워보이는 지배자에 의해서 자신의 주관 대신 사회의 가치만을 주입받고, 다른 사람의 피로 생명을 유지할 수밖에 없는 수

"날 기억해줘!"라고 외치며 죽음 속으로 뛰어드는 워보이.

동적인 존재다.

이런 점에서 워보이는 사회가 주입하는 환경의 가치나 이미지를 좇아 충분한 성찰 없이 따라 움직이는 사람들로 생각할 수 있다. 그리고 그들이 추구하는 '발할라'는 좋은 대학이나 좋은 직장 또는 사회적 명성이나 성공, 각종 개발로 얻게 될 장밋빛 청사진일 수 있다. 그들에게는 자연에 가치를 부여하고 윤리적으로 판단하는 것 자체가 사치일 수 있으며, 불의(임모탄)에 대해서도 그저 숭배할 뿐 이에 저항하려 하지 않는다.

그런 점에서 워보이였던 눅스는 맥스 일행과 함께하면서 가치의 변화를 보이며 스스로 자신의 행동에 책임을 지고 죽음에 이르는, 절반의 성공과 절반의 실패를 거둔 인물로 볼 수 있다. 절반의 성공이란 자신을 성찰하고 정의를 추구했다는 점에서 그러하며, 절반의 실패란 결국 희생을 당한다는 점에서 그러하다. 아무리 좋은 제도와 가치라고 해도, 그 과정에서 주체가 희생을 당하는 방식은 성공이라고 부르기엔 중대한 결격 사유가 될 수밖에 없다. 그런 점에서 모든 전장은 전쟁의 명분이나 승패와 관계없이 죽은 자들의 무덤이 되기 때문에 무의미한 일이 되고 만다.

유토피아를 추구하는 과학기술은 동전의 양면처럼 디스토피아의 위험 부담을 높인다. 설사 그것이 영화 '매드맥스' 시리즈처럼 핵전쟁 이후의 상황을 그리지 않더라도 지구는 이미 많은 위협에 노출되어 있다. 방사선 누출, 미세먼지, 마이크로 플라스틱, 화학물질의 역습 등 모두 유토피아를 지향하며 시작되었던 과학이지만 이는 우리를 서서히 디스토피아로 몰아가고 있다. 이런 세계에서 우리는 누군가에게 임모탄이며, 워보이고, 퓨리오사다. 〈분노의 도로〉에서 그들이 마지막까지 지킨 것은 다음을 기약할 수 있는 씨앗이며, 진정한 변화는 승패 이후에 남겨진 것들에 의해서 발화된다는 사실을 기억해야 할 것이다.

우리 미래는 우리가 결정한다

남한산성

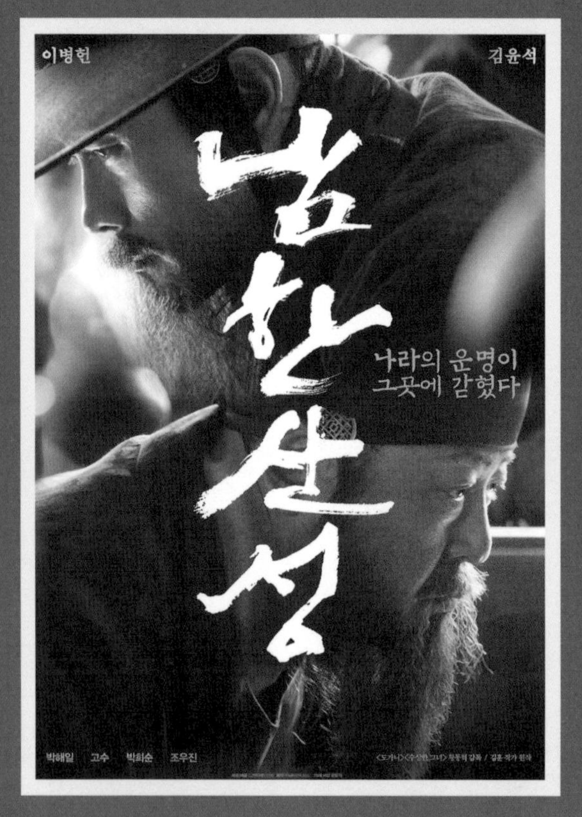

김희경

나라의 운명이 걸린 순간, 어떻게 할 것인가

김훈의 소설《남한산성》을 영화화한 작품이 2017년 개봉했다. 익히 알려진 것처럼 이 영화는 1636년 청나라의 침입으로 벌어진 병자호란 당시 조정과 임금이 남한산성에 피신했던 47일간의 이야기를 담고 있다. 영화 속에는 갈등하는 인조, 굶주리는 군사, 억울한 백성, 그리고 진심으로 나라를 생각하거나 비겁하게 책임을 회피하는 신하들이 등장한다. 그리고 그 중심에 놓인 것은 이조판서 최명길과 예조판서 김상헌의 상반되는 주장과 인조의 갈등이다.

청의 대군이 쳐들어오자 조선 조정은 황급히 남한산성으로 피했다. 청은 남한산성을 포위한 채로 조선에 명이 아닌 청과 새로운 군신관계를 맺을 것을 요구한다. 때는 겨울이고 성안의 식량은 줄어간다. 추위에 떠는 병사들의 어깨에서 빼앗은 가마니는 말의 먹이가 되고, 다시 말은 굶주린 병사들의 먹이가 된다. 임금은 "식량을 아껴서 오래

먹이되 너무 아끼지는 말라."라는 공허한 명을 내릴 뿐이다. 전투에 패했고 도움의 손길은 멀다. 한 나라의 운명이 걸린 중요한 순간이다.

이조판서 최명길은 군신관계를 요구하는 청의 제안을 받아들여 화친하자는 주장을 펼친다. 목숨이 무엇보다 중요하니 어떻게든 살고 후일을 도모하자는 뜻이다. 그는 "죽음은 견딜 수 없고 치욕은 견딜 수 있다."라는 말로 임금을 설득하려고 한다. 예조판서 김상헌은 목숨보다 대의가 중요하므로 오랑캐 청과 끝까지 맞서야 한다고 주장한다. 그는 "오랑캐에게 무릎을 꿇고 삶을 구걸하느니 사직社稷을 위해 죽는 것이 신의 뜻"이라고 말한다. 모두 결정을 내리지 못하고 주저하는 임금의 입을 쳐다본다. 영의정 김류가 쐐기를 박는다.

"전하께서 결정하시면 저희는 따르겠나이다."

누가 중대한 의사결정을 독점해왔는가

이 영화에서 특별히 주목할 것은 의사결정 과정이다. 목숨을 중히 여기는 최명길의 주장과 명분을 중요하게 여기는 김상헌의 논리는 모두 나름의 설득력을 갖는다. 하지만 하나를 택해야 한다. 그 결정은 최종적으로 임금이 한다. 그리고 잘 알려진 것처럼 역사 속 인조는 오랑캐라고 여겼던 청의 칸 앞에 무릎을 꿇는다. 치욕을 겪어야 했지만, 백성의 목숨을 살린 것이다.

다시 한 번 강조하면, 이 영화에서 주목하고 싶은 것은 의사결정

모두 결정을 내리지 못하고 주저하는 임금의 입을 쳐다본다.

의 '결과'가 아니라 '과정'이다. 나라의 운명을 결정하는 영화 속 장면을 더듬어보자. 영화의 상당 부분을 차지하는 공간은 임금과 중신들이 있는 '닫힌 방'이다. 크게는 화친을 할지 척화를 할지에 대한 문제부터 정보를 더 수집할지, 사신을 보낼지, 원군을 요청할지, 누가 편지를 쓸지 등에 대한 논의가 치열한 주장과 반박 속에서 이루어진다. 이들이 내린 결정의 결과는 온 나라에 영향을 미치고, 온 백성들의 목숨을 좌우한다. 하지만 그 어디에도 백성의 목소리를 듣는 장치는 찾아볼 수 없다. 서날쇠가 낸 가마니 아이디어가 김상헌을 통해 임금에게 전달되기는 하지만, 그건 장치가 아니라 우연이었다.

나라의 운명을 결정하는 중대한 의사결정을 당시 임금과 중신, 소위 엘리트 집단이 독차지했다. 백성들은 굶어 죽을지 칼에 베여 죽을지 전전긍긍하지만, 그 걱정의 목소리를 날것 그대로 전달할 통로가 없었다. 물론 임금과 상당수 중신들은 백성을 생각하고 안위를 고려했지만, 결정에 이르는 길 사이에는 명을 섬길지 청을 섬길지에 대한 당위의 거름망이 있었다. 〈남한산성〉이 슬프게 다가온 이유는 군사들이 처참히 죽어서도, 인조가 머리를 조아려서도 아니었다. '그들의 결정'이 백성들의 운명을 함부로 흔들었기 때문이었다.

중대한 문제를 고민하고 결정해야 하는 일은 1636년에만 있던 것이 아니다. 그 전에도 그 후에도 있었고, 오늘날까지도 쉼 없이 계속된다. 국가 단위 의사결정 방식의 선택과 실행은 인류의 오랜 고민이기도 하며, 투쟁의 역사와 함께했다. 이는 '군주제냐 공화제냐' '독재냐 민주냐' 등의 질문과도 맞닿는다. 그리고 21세기 지구상 대부분의 국가는 (실제 실행 여부와는 별개로) 공화제, 민주주의를 표방한다. 우리나라 역시 헌법 제1조에 나와 있는 것처럼 민주공화국이고, 주권은 국민에게 있다. 그렇다고 해서 우리나라를 포함한 민주공화국에서 모든 국가 정책에 대한 의사결정을 국민이 직접 하지는 않는다. 대부분 국민이 대표를 선출해 간접적으로 의사결정에 참여하는 대의제를 채

택한다. 분명 〈남한산성〉의 시대와는 차이가 있지만, 소수 엘리트 집단(선출된 의회 또는 정부)이 의사결정을 하고 대다수 시민(백성·민중·국민)이 이에 따른다. 이런 방식은 새로 도로를 건설하는 것부터 공공 화장실에 휴지통을 둘 것인지를 결정하는 것까지 다양하고 광범위하다. 하지만 현재뿐만 아니라 수백, 수천 년 이상 영향을 끼치고, 한 지역과 국가를 넘어 지구 곳곳에 영향을 끼칠 수 있는 일을 제한된 소수가 결정하는 것은 무리다. 대표적인 것이 바로 핵발전소 건설 문제다.

숙의민주주의, 처음 경험해보는 공론화 과정

핵과 관련한 의사결정은 인간이 결정해야 하는 가장 심각한 사안에 해당한다. 인간이 조정 가능한 공간과 시간과 범위를 넘어서기 때문이다. 잘 알려져 있다시피 방사능에는 반감기가 수일인 것도 있지만 수만 년을 넘어서는 것도 있다. 방사능에 오염되면 어떤 일이 벌어질지 정확히 알기도 어렵다. 그래서 이 결정은 신중에 신중을 기해야 한다.

하지만 지금까지 우리나라에서 핵발전에 관한 결정은 제한된 소수가 해왔고, 그 결과 우리나라는 원자력발전소 밀집도 세계 1위 국가가 되었다. 다행히 2017년 집권한 정부는 건설 중이던 신고리 5·6호기를 계속 지을 것인지 또는 중단할 것인지 결정하기 위해 지금까지와는 다른 의사결정 방식을 채택했다. 신고리 5·6호기 공사 재개 또는 중단 여부를 정하는 과정에서 '공론화'를 통해 나온 목소리를 충분히 반영하기로 한 것이었다. 신고리 5·6호기 공론화위원회에 따르면 공론화란 "특정 공공정책이 초래하는 혹은 초래할 사회적 갈등에 대한 해결책을 모색하는 과정에서 이해관계자, 전문가, 일반 시민 등의 다양한 의견을 민주적으로 수렴하여 공론을 형성하는 것"이다. 이를 위해 지역, 성별, 나이를 고려한 확률 추출을 통해서 2만여 명의 시민을 뽑고, 그중에서 시민참여단 500명을 구성했다. 시민참여단은 관련 자료를 보고 듣고 말하고 숙의하며 의사결정을 했다. 그 결과는 정부에 전달되고, 정부는 이를 바탕으로 신고리 5·6호기의 건설 중단 여부를 결정했다. 이 과정은 한 달간의 숙의熟議 과정을 포함해 약 3개월이 걸렸고, 2017년 10월 20일 정부에 권고안이 제출됐다. 네 차례에 걸친 시민참여단 의견 조사에서 4차 조사의 결과는 건설 재개(59.5%) 의견이 건설 중단(40.5%)보다 우세했다.*

이러한 결과에 대해 공감하거나 아쉬워하는 목소리가 있을 수 있다. 구체적인 과정에 대해 크고 작은 불만이 제기되기도 한다. 대의민주주의 체제를 무시하는 처사이며, 모든 사안을 이런 방식으로 결정한다면 제대로 일을 할 수 있겠느냐는 비아냥도 있다. 하지만 명확한 결론을 내리기 어렵고, 가치에 따라 다른 판단이 가능하며 그 영향력

---

* 하지만 신고리 5·6호기의 건설 재개와 별도로 우리나라 원자력발전 정책 방향에 대해서는 원자력발전 축소(53.2%) 의견이 원자력발전 유지(35.5%)나 확대(9.7%)보다 많았다(4차 조사). 즉, 신고리 5·6호기의 건설을 중단하지는 않더라도 장기적으로 원자력발전을 축소해야 한다는 의견이 많았다.

ⓒ 연합뉴스

공론화 시민참여단의 종합토론회 장면.

이 큰 사안에 대해서는 결정을 내리는 주체가 확장되어야 한다는 논리도 존재한다. 신고리 5·6호기 공론화 과정은 그 논리를 받아들인 결과이며, 숙의민주주의의 한 형태를 구현한 것이라고 이해할 수 있다. 그리고 그것이 더욱 성숙한 사회적 합의의 모습이라는 점은 많은 이들이 수긍할 것이다. '우리'의 운명이 걸린 문제를 결정하는 자리에 더 많은 '우리'가 참여한 것이다.

이번 신고리 5·6호기 공론화 과정은 앞으로 이루어질 많은 환경정책 결정 과정에 참고가 될 것이다. 지금까지 수없이 반복되어온 정책결정을 둘러싼 갈등은 이제 더 참여적인 방식을 통해 사회적 합의를 찾을 수 있을 것이다. 이미 미국을 비롯한 선진국에서는 1990년대부터 발전소 건립, 지역 경제정책 수립, 범죄 대응 방안, 원주민 정책 등

다양한 사항에서 공론화 방식을 사용했다. 우리는 이제 시작점에 서 있다.

개인적으로는 이번 공론화 시민참여형 조사의 '결과'에 대해서는 아쉬움이 남는다. 하지만 이번에 과정을 바꾸었다면 다음엔 결과를 바꾸는 일을 준비해야 할 것이다. 그건 사람이 바뀌어야 하는 일이기 때문에 더 힘들고 시간이 걸리겠지만 그래도 해야 한다. 너와 나, 우리가 새롭게 바뀌어야 새로운 결정이 나올 수 있다.

〈남한산성〉에서 김상헌은 최명길에게 이렇게 말한다.

"새롭게 되려면 임금, 백성, 사대부 모두 바뀌어야 새로운 세상이 온다."

녹조라떼와 미세먼지로 그려질 우리 삶의 길

리버로드

조성화

길 위의 문명

우리는 한 사람의 인생이나 문명의 역사를 길에 비유하곤 한다. 살아가면서 힘든 경험을 하게 되면 '고생길'이 시작됐다고 하고, 어떤 문명이 점차 힘을 잃어가면 문명이 '쇠락의 길'에 접어들었다고 말한다.

왜 우리는 사람의 인생이나 문명의 역사를 길에 비유하는 것일까? 길은 실제 우리 인생이나 문명과 비슷한 면이 많기 때문일 것이다. 사람이 다른 사람들과 인연을 맺고 한 문명이 다른 문명과 교류하는 것처럼 길은 수많은 다른 길과 연결된다. 또 길은 시작과 끝이 있고 방향성을 가진다. 편하고 빠른 길이 있는가 하면 험난하고 돌아가는 길도 있다. 길을 잘못 들어서면 시간을 낭비하기도 하고, 길 위를 여행하면서 다양한 사람과 풍경을 만나기도 한다. 무엇보다 길은 새롭게 만들어지기도 하고 사라지기도 한다.

이런 길의 특성은 한 사람이 인생을 살아가면서 겪는 다양한 경험과 비슷하며, 문명의 경우도 마찬가지다. 결국 길은 하나의 물리적 공간이면서도 그 안에 다양한 비유적 의미를 포함하고 있다.

이런 이유로 지금까지 소설이나 영화에서 '길'이 중요한 소재로 종종 등장했다. 영화 〈매드맥스: 분노의 도로〉도 길을 중요한 소재로 삼았다. 이 영화에서의 '길'은 고난과 어려움을 상징했고, 그 길 위에서 발생하는 사건이 영화의 중요한 줄거리였다.

급격한 산업화를 상징적으로 보여주는 대륙의 길

영화 〈리버로드〉도 길 위에서 시작되는 이야기다. 〈리버로드〉는 도시화가 급속하게 진행되면서 환경과 사회, 문화적으로 큰 변화를 겪고 있는 중국의 현재, 그리고 그 속에서 변화를 온몸으로 겪어내는 한 가족의 삶을 조명한다. 앞에서 길이 한 문명이나 사람의 삶을 비유적으로 표현하는 경우가 많다고 했는데, 〈리버로드〉 속의 길은 문명과 사람(가족) 모두를 상징적으로 표현한다.

주인공은 열 살 남짓한 꼬마 형제. 이들은 오래전부터 유목 생활을 했던 소수민족, 위구르족이다. 형제는 할아버지와 함께 도시에 산다. 아버지는 가족을 부양할 돈을 벌기 위해 멀리 떨어진 초원에서 유목하고 있고, 어머니는 오래전 세상을 떠났다. 형제가 태어났을 당시만 해도 아버지와 어머니는 마을 가까이에서 유목을 하며 가족이 함께 지낼 수 있었지만, 인근에 거대한 도시가 생기면서 가족은 함께 살 수 없게 되었다.

도시가 점점 커지자 도시 주변의 땅과 강이 점차 메말라갔고, 이 때문에 목초지가 사라져 더는 유목을 할 수 없게 된 것이다. 이때부터 두 형제는 부모와 함께 살지 못하고 할아버지와 함께 살게 된다. 화려한 도시가 생겨났지만 그 때문에 도시 주변 환경이 사막으로 변했고, 자연에 순응하는 삶의 방식을 가진 인간의 삶도 붕괴한 것이다. 이러한 삶의 붕괴는 불과 몇 년 사이에 일어났다.

형제를 돌보던 할아버지가 갑자기 죽게 되자 둘은 할아버지의 장례를 치르고, 연락이 닿지 않는 아버지를 찾기 위해 길을 떠나기로 한다. 아버지를 만나기 위해 의존할 수 있는 유일한 길잡이는 과거 할아버지와 함께 아버지를 찾아갔던 형제의 기억이다. 기억을 더듬어 아버지를 찾아가는 길에서 두 형제는 과거와 크게 달라진 풍경에 당황한다. 불과 몇 년 전까지 풍부한 물이 흐르던 강은 메말라버렸고, 푸른 초지였던 곳은 모래바람이 날리는 사막으로 변해 있었다. 도시 사람들의 식수를 확보하기 위해 강을 막아버리면서 이런 문제가 생긴 것이다.

급속한 환경의 변화는 형제의 기억을 방해하고, 이 때문에 아버지를 찾는 과정에서 훨씬 더 많은 어려움을 겪게 된다. 이러한 어려움에도 두 형제는 과거 아버지가 유목 생활을 하던 장소를 찾아가지만, 이미 그곳도 사막으로 변해버려 아버지를 만나지 못한다.

영화 말미에서 두 형제는 우여곡절 끝에 아버지를 찾게 되지만, 아버지의 삶은 형제의 예상과는 완전히 달라져 있었다. 아버지는 더 이

아버지를 찾아가는 길은 이미 사막으로 변해 있다.

결국 아버지를 찾지만, 아버지는 아이들이 생각했던
삶을 살고 있지 않다.

상 유목을 하지 않고, 도시로 공급되는 시멘트 원료 광물을 캐는 광산에서 일하고 있었다. 아버지와 함께 일하는 많은 사람들도 대부분 비슷한 과정을 통해 광산으로 흘러들어온 사람들이었다.

아버지는 먼 길을 찾아온 어린 아들들을 보면서도 별다른 감정을 보이지 않는다. 아들의 머리를 한번 쓰다듬은 후 앞장서서 숙소로 터벅터벅 걸어갈 뿐이다. 그리고 아들들도 말없이 아버지의 뒤를 따라서 걷는다. 이 장면은 아버지와 두 아들에게 남겨진 힘든 삶을 예감하게 한다.

도시화로 인해 주변 환경이 급속도로 변화하거나 개인의 삶이 영향을 받는 모습은 우리에게 이미 익숙하다. 우리나라도 도시화·산업화 과정에서 전통적 방식의 문화를 대부분 잃었고, 이 과정에서 지역마다 존재했던 독특한 삶의 방식들도 함께 사라졌기 때문이다.

우리나라는 현재 인구 90% 이상이 도시에 살고 있다. 도시의 삶은 편리한 듯 보이지만, 그 편리함을 유지하기 위해서는 도시 주변에서 엄청난 규모의 자원과 에너지가 투입되어야 한다. 그리고 도시를 만드는 과정에서 원래의 자연환경과 인문환경은 대부분 사라진다. 도시화가 가속됨으로써 발생하는 직간접적인 문제들(미세먼지, 폭염, 소외계층, 기후변화 등)은 점점 우리가 감당하기 힘든 수준으로 발생하고 있다.

우리는 어떤 길을 가고 있는가?

만약 지금 우리가 사는 모습을, 그리고 한국의 문명을 누군가가 '길'에 빗대어 영화로 만든다면 어떤 영화가 될까? '녹조라떼'라는 신조어가 만들어질 정도로 문제가 되는 4대강의 상황을 주제로 〈그린 리버 로드〉라는 영화가 만들어질 수도 있다. 1급 발암물질인 미세먼지로 둘러싸여 있으면서도 그 배출원을 차단하지 못하고 있는 우리 모습을 표현하는 〈마이크로 에어 로드〉라는 영화가 만들어질지도 모를 일이다.

누가 영화를 만들더라도 지금 우리가 가고 있는 길을 영화화한다면, 블록버스터급 재난영화가 되거나 암울한 미래를 그린 공상과학 영화가 될 가능성이 크다. 〈리버로드〉를 보면서 도시화가 일으킨 사막화와 이로 인한 한 가정의 몰락에 대해 생각해볼 수 있었다면, 우리의 삶을 모티브로 한 영화를 본 누군가는 스스로 물과 공기를 오염시킨 문명이 겪는 어려움에 대해 알게 될지도 모른다.

다행인 것은 아직 우리의 길이 끝나지 않았다는 것이다. 다소 늦은 감이 있지만 우리는 과도한 도시화, 산업화의 문제들을 인식하게 되었다. 그리고 그 피해가 우리 개개인의 삶을 얼마나 힘들게 하는지도 깨닫고 있다. 우리가 가는 길의 끝에 무엇이 있을지, 이 길을 계속 갈 것인지 아니면 다른 길로 방향을 바꿀 것인지를 결정하는 것은 온전히 우리의 몫이다. 지금 우리는 스스로 다음과 같이 물어야 할 시점이다.

"우리는 지금 어떤 길을 가고 있는 걸까? 또 우리는 어떤 길을 가고 싶은 것일까?"

© 연합뉴스

낙동강의 '녹조라떼'.

우리는 지구를 쓰레기 행성으로 만드는가

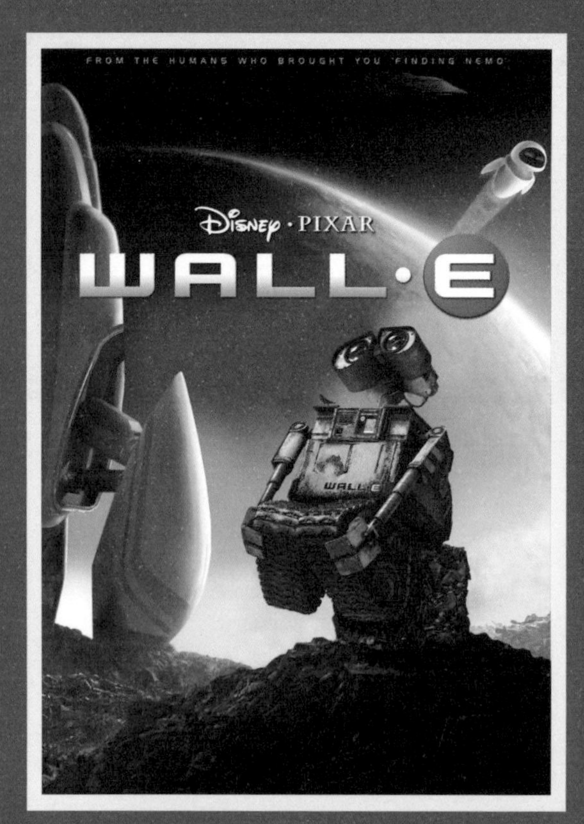

권혜선

쓰레기 청소 로봇의 모험

동그란 눈을 반짝거리며 '이브'를 외치던 순정파 로맨티시스트 로봇 월-E를 기억하는 사람이 많을 것이다. 월-E의 이름은 'Waste Allocation Load Lifter Earth'로, 이름 그대로 쓰레기를 모으고 치우는 일을 하는 로봇이다. 지구에 홀로 남아 성실하고 충직하게 쓰레기를 치우던 월-E는 어느 날 하늘에서 내려온 새하얀 로봇 이브를 보고 첫눈에 반한다. 지구에서 무엇인가를 찾던 이브는 월-E가 보여준 식물을 가지고 우주로 돌아간다. 이브를 쫓아 엑시엄Axiom이라는 거대한 우주선에 도착한 월-E는 이브와 함께 지구로 돌아가기 위한 모험을 시작한다.

영화 〈월-E〉는 대사가 거의 없음에도 단순한 로봇 사운드와 몸짓 등을 통해 매우 효과적으로 스토리를 전달한다. 또 사랑스럽고 유머러스한 캐릭터들이 종횡무진 스크린을 누비는 가운데 소비지상주의,

과학만능주의, 쓰레기, 비만, 향수, 기독교적 세계관 등 방대한 내용을 재치 있게 풀어낸다. 영화는 지구와 엑시엄이라는 서로 대비되는 두 공간을 중심으로 이야기가 전개된다.

공간 1 : 지구

부서진 건물, 낡은 자동차, 버려진 물건 들로 뒤덮인 지구는 거대한 모래 폭풍이 부는 죽음의 행성이 되었다. 디스토피아적 미래를 그린 여느 영화와 마찬가지로 〈월-E〉의 지구는 삭막하고 황폐하기 그지없다. 하지만 다른 영화들과 달리 〈월-E〉의 지구에는 생존을 위해 고군분투하는 인간이 없다.

대신 지구에 남은 것은 거대한 쓰레기를 치우는 작은 로봇 월-E와 한 마리의 바퀴벌레다. 월-E는 매일 홀로 쓰레기를 치운다. 수백 년 동안 월-E가 정리해 치운 쓰레기는 초고층 빌딩보다 높다. 월-E는 쓰레기를 치우다 사용할 수 있는 물건을 발견하면 다시 사용하고, 마음에 드는 물건을 발견하면 집으로 가져간다. 어느 날 버려진 냉장고에서 작은 식물을 발견한 월-E는 이 식물을 집에 가져가 소중히 보살핀다. 그는 홀로 남아 지구를 보살피고 회복시키는 작은 존재다.

지구에 버려진 각종 생활용품, 쇼핑몰, 주유소, 건물, 월-E 자신, 심지어 돈에도 붉은색의 'BnL'이라는 로고가 보인다. BnL은 'Buy and Large'의 약자로, 말 그대로 소비지상주의를 의미하는 기업의 이름이

월-E는 지구에 홀로 남아 매일 묵묵히 쓰레기를 치운다.

다. 영화에서 BnL은 초국적 거대 독점 기업으로 보인다. 하지만 화폐도 발행하며 CEO가 미국의 대통령과 비슷하게 표현된 것으로 보아, BnL은 기업을 넘어선 하나의 세상인 듯하다. 이 세상에서 가장 중요한 것은 소비다. 그리고 이 소비로 만들어진 어마어마한 쓰레기로 인해 지구는 망가졌다.

모든 것이 버려지고 쓰레기가 된 지구에서 여전히 BnL의 광고판은 더 많이 소비해 더 풍족하고 편하게 살라고 부추긴다. 소비는 지구에만 한정되지 않는다. 지구가 쓰레기로 가득 차자 BnL은 쓰레기를 다 치울 동안 우주에서 쾌적하게 지내라고 광고한다. 사람들은 사용하고 버린 다른 쓰레기와 마찬가지로 지구를 쉽게 버리고 편안한 생활을 영위하기 위해 우주로 떠난다.

공간 2 : 엑시엄

우주로 나간 사람들은 엑시엄이라는 거대한 우주선에서 생활한다. 엑시엄은 BnL이 만들고 사람들이 소비하는 거대한 인공 공간으로, 황량하고 망가진 지구와 달리 최첨단 과학기술로 무장한 화려한 공간이다. 엑시엄의 모든 것은 자동화되어 있으며, 아주 세밀한 부분까지 시스템화되어 매뉴얼대로 움직인다. 엑시엄에서 필요한 모든 일은 로봇이 한다.

이 인공적인 공간에서는 시간마저 인공적이다. 늦잠을 잔 엑시엄의 선장이 허겁지겁 일어나 버튼을 돌리면 엑시엄의 하늘에 뜬 인공 태양이 다시 돌아가 아침이 된다. 사실 아침이건 오후건 사람들에게 큰 의미는 없다. 이들에게는 시간에 맞춰서 해야 할 일이 없기 때문이다.

엑시엄이라는 인공적인 공간과 시간에서 사람들은 모두 같은 옷을 입고 1인용 의자에 앉아 하루 종일 눈앞의 화면만을 쳐다보며 떠다닌다. 특별한 목적지도 없다. 이들은 걷지도 손을 움직이지도 않으며, 바로 옆 사람과의 대화도 눈앞의 화면을 통해 간접적으로 한다. 데이트는 가상현실로 즐기고, 테니스는 로봇이 대신 쳐준다.

지구를 떠나 엑시엄에서 생활한 지 700년을 넘기며 사람들의 체형이 유아와 같이 변한다. 척추는 약해졌고 몸은 비대해졌다. 의자에서 떨어지면 스스로 일어서지 못하고 짧고 굵은 팔다리를 버둥거린다. 음식물은 씹지 않고 유아처럼 빨대로 섭취한다.

우리는 시간과 공간 안에서 살아가는 존재다. 영화는 지구와 엑시

BnL이 만든 거대한 인공 공간 엑시엄에서 가장 먼저
눈에 띄는 것은 더 많이 소비하라는 광고판이다.

엑시엄 사람들이 모두 같은 옷을 입고 앉아 화면을
쳐다보며 빨대로 음식물을 섭취하고 있다.

엄을 통해 서로 다른 시간과 공간에서 사는 것은 곧 다른 존재가 되어 간다는 것을 보여준다. 이처럼 환경에 적응해 생물이 변화하는 것을 흔히 '진화進化'라고 한다. 그리고 진화의 의미는 '발전'이라는 개념이 내재되어 있다.

하지만 엑시엄 사람들을 보면 인간이 진화한 것인가 의문이 든다. 물론 진화는 부분적으로 '퇴화'까지 포함하는 개념이다. 엑시엄 사람들의 육체는 모두 유아와 같이 퇴행했다. 생각과 정신도 육체와 같이 단순해 보인다. 사소한 것 하나도 스스로 해결하지 못한다. 반면 과학기술과 인공지능 로봇은 놀라울 정도로 발전했다. 모든 것을 알아서 판단하고 처리하며, 인간인 우주선 선장의 명령에 맞서 대항할 정도가 되었다. 결국 엑시엄에서 진화한 것은 인간이 아니라 로봇인 것이다.

편리함만을 위한 기술, 그리고 인류의 미래

다행히 우리는 엑시엄이 아닌 지구에서 살고 있다. 우리의 지구는 아직까지 푸르다. 자연의 시간에 맞추어 생명은 부지런히 피고 진다. 하지만 쓰레기도 매일 부지런히 버려진다. 우리나라에서 하루에 버려지는 쓰레기의 양은 1996년 18만573톤에서 2016년 42만9139톤으로, 20년 동안 두 배 이상 늘어났다. 한국인은 1인당 연간 약 367kg의 생활폐기물을 버리고, 미국인은 1인당 연간 약 735kg의 쓰레기를 버린다.*

쓰레기는 분해되는 데 오랜 시간이 필요하다. 분해되는 과정에서 유독물질이 발생하고 주변이 오염되기 때문에 함부로 묻거나 태우기도 어렵다. 따라서 매일 새롭게 버려지는 쓰레기는 어딘가에 계속 쌓일 수밖에 없다. 이 쓰레기는 어디에 있을까? 힘이 세고 돈이 많은 나라는 힘이 약하고 가난한 나라에 쓰레기를 수출한다. 참으로 이상하고 나쁜 수출이 아닐 수 없다. 육지에 사는 인간은 바다에 쓰레기를 흘려버린다. 이로 인해 바다에는 거대한 플라스틱 섬이 만들어지고 물고기와 바닷새의 위장은 플라스틱 조각으로 가득 찬다. 물고기와 바닷새의 배는 가득 찼지만 결국 굶어 죽는다. 매우 위험하고 반감기가 긴 핵폐기물은 땅속에 묻고 발언권이 없는 미래 세대에게 부담을 지워버린다.

사람들은 과학기술이 더 발달하면 쓰레기를 비롯한 여러 환경 문제를 해결할 수 있다고 생각한다. 하지만 〈월-E〉는 그렇지 않을 수도 있다고 경고한다. 과학기술이 충분히 발달하지 못해서가 아니다. 과학기술의 발달이 단지 편리함과 풍족함의 감각적 욕망 위에서 끝없이 소비하기 위한 것이라면, 쓰레기를 치우는 과학기술의 결과물 역시 결국은 쓰레기가 되고 말 것이다. 그리고 소비와 쓰레기의 연속선 위 어딘가에 있는 유한한 지구도 결국 쓰레기가 될 수 있다.

아마 지구는 쉽게 무너지지 않을 것이다. 지구는 생각보다 거대하고 무자비하다. 그전에 사람이 먼저 무너질 수도 있다. 속도의 철학자

---

* 국가주요지표 통계자료 : '일평균 폐기물 발생량(1996-2016)' 'OECD 주요국의 일평균 생활폐기물 발생량(1995-2015)'.

폴 비릴리오Paul Virilio는 과학기술의 발달로 일상생활의 속도가 질주하게 되면 먼저 공간이 무너지고, 그다음은 시간이 무너진다고 했다. 그리고 공간과 시간의 소멸과 함께 결국 인간의 존재마저 무너질 수 있다고 경고했다.* 첨단 과학기술로 만들어진 엑시엄에서 물리적인 공간과 시간은 의미가 없다. 누가 어디에 있든 화면과 가상현실에서 만나며, 하늘에 뜬 태양을 돌려 다시 아침의 시간으로 돌아가기 때문이다. 그리고 이런 엑시엄에서 인간은 유아와 같은 모습으로 퇴행했다.

엑시엄은 비릴리오가 주목한, 속도가 질주하는 세상이다. 그리고 이곳의 빠른 속도는 '편리함'의 가치가 지배하고 있다. 이브가 가져온 식물을 살리기 위해 지구로 돌아가려는 선장을 로봇 파일럿이 막아선 이유 역시 지구로 돌아가 쓰레기를 치우는 것보다 우주에 남는 것이 더 '편하고 쉽기' 때문이다. 지구에 남아 쓰레기를 치우던 BnL의 CEO는 "지구의 쓰레기를 치우는 것보다 우주에 남는 것이 더 쉽다."라며 로봇 파일럿에게 우주에 남으라는 비밀 명령을 내린다. 선장은 로봇 파일럿과 힘겹게 싸우며 "나는 생존Survive하고 싶지 않아. 나는 살고Live 싶어!"라고 외친다. 영화 〈월-E〉는 우리가 삶의 편리, 좀 더 노골적으로 생존의 편리만을 추구하게 되면 우리는 결국 생존만 하게 될 수 있다고 이야기한다.

영화는 지구를 보살펴야 한다는 훈훈한 메시지를 던지며 끝난다.

---

* 김은주·김재웅, 〈애니메이션 '월-E'에 나타난 시공간 분석-폴 비릴리오의 질주학을 중심으로〉, 《디지털디자인학연구》, 2010, 10(2).

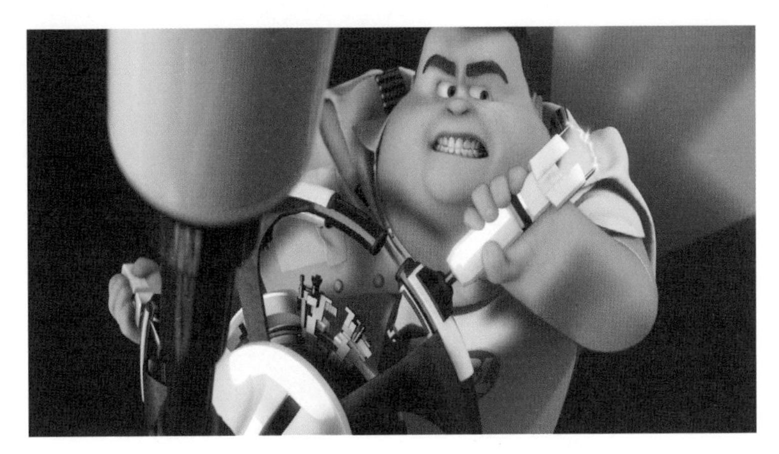

지구로 돌아가기 위해 로봇 파일럿과 싸우는 선장. 의자에 앉아만 있던
선장이 스스로 일어섰다.

선장은 이브가 가져온 식물이 죽어가는 것을 보고 식물을 살리기 위해 지구로 돌아가기로 결심한다. 식물을 보살피고 살리는 것이 자신도 함께 사는 것임을 깨닫게 된 것이다. 엑시엄 사람들은 끝도 모르고 질주하던 편리함의 공간에서 다시 생명의 공간인 지구로 내려온다.

〈월-E〉의 엔딩처럼 최첨단 과학기술로 나와 상대방을, 다른 생명을, 지구를 보살피고 함께 산다면 이보다 더 아름다운 일은 없을 것이다. 하지만 보살핌이 정답이라고 정리하고 싶지는 않다(물론 보살핌은 정답이라고 할 만큼 무척 훌륭한 가치다). 다만 질문을 하고 싶다. 우리의 과학기술은 무엇을 위한 것인가? 내 삶은 무엇으로 채워지고 있는가? 미래의 우리는 더 인간다운 삶을 살 수 있을까? 이 질문에 대한 우리의 답이 너무 늦지 않기를 바란다.